Charmeoffensive

Bernd Wulf

Charmeoffensive

Marketingstrategie für den Inhabergeführten Bioladen

Bibliografische Information der Deutschen Nationalbibliothek:
Die Deutsche Nationalbibliothek verzeichnet diese Publikation in der Deutschen Nationalbibliografie; detaillierte bibliografische Daten sind im Internet über http://dnb.dnb.de abrufbar.

Alle Rechte vorbehalten. Das Werk darf – auch teilweise – nur mit Genehmigung des Herausgebers wiedergegeben werden.

© 2015 Bernd Wulf

Layout und Gestaltung: Bernd Wulf
Herstellung und Verlag:
BoD – Books on Demand, Norderstedt

Printed in Germany
ISBN 9783734745751

Was wirklich zählt ist Intuition

Albert Einstein

INHALT

Denkbar knappstes Vorwort   11

Einfühlung   13

TEIL 1: Strategie   17

Bio und Marketing: Verträgt sich das?   19

Perspektivwechsel   24

Immer schön konkret …   33

TEIL 2: Annäherung   37

Das Quartier   39

Vertrauensfrage	41
Passantenblick	42
Erster Eindruck	47
Atmosphären-Test	49
Kundenbefinden	53
Routine	60
Erfolgsrezept	61

TEIL 3: Umsetzung 62

Inszenierungen	63
Verführungskunst	73
Lichtspiele	75

Hindernislauf	77
Was Sie lieber lassen sollten	79
Erinnerungen	80
Gute Gefühle	82
König Kunde?	86
Attitüden	87
Sprechkunsthandwerk	88
Haben wir nicht, gibt's nicht, oder?	91
Heute im Angebot	93
Büro, Büro …	97
Das Team mitnehmen	100
Das Amuse Bouche (Amuse Gueule)	101
Verkostungen	102

Tipp eines guten Freundes   103

Fazit   107

War's das?   109

Anhang:

Stichwortverzeichnis   111

Befragungen   113

Denkbar knappstes Vorwort

Lange Vorreden will ich Ihnen ersparen. Dieses Buch ist geschrieben mit großem Respekt vor den Leistungen der Betreiber inhabergeführter Bioläden. Sie haben Ihrem Konzept zu großem Erfolg verholfen. Doch der Erfolg stellt auch Fallen auf, die Alltagsscheuklappen zum Beispiel. Erfolg ist nur von Dauer, wenn er stets aufs Neue erkämpft wird. Und nicht nur das, er muss auf Veränderung programmiert sein.

Sie werden sich nur teilweise in den Beispielen wieder finden, mitunter vielleicht auch gar nicht. Ihre Praxis wird besser, erfolgreicher, konsequenter sein als in den genannten Beispielen beschrieben. Die Übertreibungen haben allein praktische Gründe. Es geht um möglichst bildhafte und eindeuige Beispiele, weil so am besten deutlich wird, worum es geht. Fühlen Sie sich also bitte nur soweit angesprochen, wie Sie sich in den Beispielen wieder erkennen.

Ach, und noch eins: Nehmen Sie nur solche Anregungen an, von deren Sinnhaftigkeit Sie zutiefst überzeugt sind. Was nicht zu Ihnen passt, führt auch nicht zum Erfolg.

*Was heute gut ist,
kann schon morgen
von gestern sein*

Vielleicht gehen Sie ganz eigene Wege, ausgelöst durch Ihren ganz eigenen Blickwinkel, perfekt zugeschnitten auf Ihr Umfeld. Ein Blick in dieses Buch kann dennoch nicht schaden.

Und noch eine letzte Bemerkung – zum Umgang mit der Genderfrage. Ich belasse es bei der männlichen Schreibweise - ohne diese vertreten zu wollen – und zwar allein aus dem Grund der Lesegewohnheiten. Seien Sie bitte so großherzig, das Buch nicht aus diesem Grund aus der Hand zu legen. Wir sind uns einig, dass Frauen nach wie vor vielfältigen Benachteiligungen gegenüber Männern ausgesetzt sind. Wir leben nach wie vor in einer Männerwelt. Da muss sich noch vieles ändern.

Einfühlung
(ist so gemeint, kein Tippfehler!)

Der Bioladenbetreiberwunsch entsteht nicht auf Kindesbeinen. Lego, Playmobil oder Barbie regen alle möglichen Kinderfantasien an, Bioläden sind nicht dabei.

Mit anderen Worten: Ihrem Entschluss zur Eröffnung eines Bioladens ging mit ziemlicher Sicherheit ein Stück erwachsene Berufsgeschichte voraus. Irgendwann gab es einen Moment, in dem Sie sich die Frage stellten, wie Sie sich in diesem abgehalfterten System eine Existenz schaffen können, die Ihnen ein gutes Gewissen beschert und dem großen Ganzen zu Gute kommt.

Und von diesem Moment ab gibt es kein Zurück. Nach und nach entsteht vor Ihren Augen das Bild Ihres Ladens. Es soll ein Laden werden, der Ihre Vorstellungen nach außen trägt. Anregungen holen Sie sich von denjenigen, die diesen Schritt schon gegangen sind. Die kritische Begutachtung der unterschiedlichen Bio-Aktivitäten von der Biomarktkette über den Supermarkt bis hin zum Discounter gehört nun einmal zur Grundausbildung.

Einiges werden Sie übernehmen, anderes auf keinen Fall. Am Ende der Such- und Planungsphase stehen Sie vor Ihrem Laden, der zum Teil so geworden ist, wie Sie sich das erträumt haben und zum Teil auch wieder nicht. Der Finanzbedarf setzt Grenzen, nicht alles ist so verfügbar, wie Sie möchten und dann gibt es Vorschriften, die eingehalten werden müssen.

Sicher stand zu Beginn der Wunsch ganz vorn, Ihren Kunden etwas besonders Gutes zu bieten. Sie möchten, dass Ihre Kunden gern zu Ihnen kommen, sich bei Ihnen wohlfühlen und diesen Laden als wichtigste Einkaufsquelle im Alltag nutzen. Und Sie möchten, dass Ihr Kundenkreis und Sie gemeinsam ein kleines Stückchen Weltverbesserung betreiben, im Umgang miteinander und im Umgang mit allem, was um Sie herum ist. Um diesem Ziel näher zu kommen, muss vieles berücksichtigt werden - Licht und Farbe, Raum zum Bewegen, ein Produktangebot, das die Kunden anspricht, kurzum eine Fülle von Details, die zum Gelingen beitragen.

Und während die Planung voran schreitet, drängen sich die praktischen Fragen in den Vordergrund: Welches Regalsystem, welcher Großhändler für das Grundsortiment, welche Erzeuger aus der Umgebung, welche Schwerpunkte im Produktsortiment und vieles mehr. Je weiter also Ihre Planungen konkret voranschreiten, desto mehr verlagert sich Ihr Fokus vom Kunden zum Produkt und all dem, was damit zusammen hängt. Das ist eine notwendige Phase, um den Traum in die Realität zu befördern. Aber – und das ist meine zentrale These - ohne Rückbesinnung auf das ursprüngliche Anliegen verschenken Sie Potentiale und dazu ein Stück Ihres Lebensglücks. Es geht darum, zur ursprünglichen Leidenschaft zurück zu finden. Was damit gemeint ist, möchte dieses Buch veranschaulichen.

Die Ausführungen in diesem Buch gehen auf Probleme ein, die aus meiner Sicht häufig auftreten. Vollständige Antworten bleiben naturgemäß aus, da ich Ihre Notizen nicht kennen kann. Um diese Aspekte müssen Sie sich allein kümmern.

TEIL 1
Strategie

Spätestens seitdem auch Bioartikel auf 99 Cent hinter der Kommastelle „genau" kalkuliert werden, greift die Biobranche auf Standardtricks im Verkaufsmarketing zurück. Mehl steht nicht länger in Augenhöhe und für den Wein mit der leckersten Verkaufsspanne muss sich niemand bücken. Allein am Kassenlaufband ist mitunter noch ethische Zurückhaltung zu spüren. Das alles steht hier nicht zur Debatte. Es macht allerdings Sinn, sich bewusst zu sein, dass gängige Marketingtricks längst im Bioladen angekommen sind. Anstatt nun immer mehr von dem zu tun, was alle anderen auch tun, stellt sich die spannende Frage, ob es denn Dinge gibt, die andere nicht machen, nicht machen wollen oder nicht machen können. Doch zunächst soll das Ob und Wie des Bio-Marketings etwas eingehender betrachtet werden.

Marketing ist ein kreativer Prozess. Da hilft Lehrbuchwissen wenig, Intuition umso mehr

Pfiffig, wenn man Ehrlich heißt

Bio und Marketing: Verträgt sich das?

Die Vorbehalte in der Bio-Branche gegen Marketing sind verständlich, beruhen aber auf einem Vorurteil. Marketing wird allzu gern interpretiert als ein Instrumentarium, um Kunden zu Kaufhandlungen anzuregen, die sie ohne Marketingmaßnahmen unterlassen würden. So gesehen wäre Bio-Marketing Teil der Konsumwirtschaft, in der Konsumwünsche erzeugt werden mit dem Ziel, möglichst hohe Gewinne einzustreichen. Gewinne sind auch in der Bio-Branche erwünscht. Oberstes Bio-Ziel aber ist vernünftiges, verantwortungsvolles Handeln. Und dazu gehört, in Maßen zu konsumieren. Optimal wäre dabei die vollständige Umstellung der Ernährung auf Bio. Diesem Ziel näher zu kommen, ist auch Ihre Devise. Bis auf weiteres ist Bio-Wachstum daher erlaubt - das Richtige wachsen lassen, damit das Falsche schrumpft. So geht ethischer Wandel. Wachstum in Bio hat somit auf lange Zeit noch eine eigene Gesetzmäßigkeit.

Was heißt das nun für Sie? Sie betreiben einen Bioladen und das mit Leib und Seele. Mit den Umsätzen sind Sie einigermaßen zufrieden, mit dem Ertrag ebenso. Klar, es könnte mehr sein. Im Bio-Markt ist Bescheidenheit angesagt. Aber das passt ja auch zum Weltbild. Im Frieden mit sich selbst sein und im Frieden mit dem Rest der Welt. Ein gutes Leben und unmäßiger Reichtum schließen sich nun einmal aus.

Wie aber halten Sie es mit dem Marketing? Ihre beste Antwort: *Ich nutze die Möglichkeiten.* Denn grundsätzlich sind Marketingstrategien weder gut noch schlecht. Die Frage ist nicht das Ob, sondern das Wie. Entscheiden Sie über Marketingaktivitäten danach, was zu Ihnen passt. *Ich will Kundenentscheidungen nicht wegen satter Extraprofite manipulieren* könnte eine Ihrer Devisen lauten. Sollen Sie auch nicht. Bio-Marketing – richtig verstanden – ist eine würdevolle Angelegenheit, getragen vom Respekt vor den Kunden, vor den Produkten und deren Entstehung - ethisch also. Moralisch auch. Ethisch, wenn der Kunde seine Einsicht mit seinen Handlungen in Einklang bringt, moralisch, wenn der Kunde Regeln akzeptiert, die gesellschaftlich gewollt sind. Ethisch ist damit das, was wir wollen, moralisch das, was wir sollen. Es ist gut, wenn die beiden als Paar auftreten.

Das ist keine rhetorische Debatte. Unser ethisch-moralisches Gewissen wird täglich auf die Probe gestellt. Dürfen wir es zulassen, dass Tiere, die wir essen wollen, unter qualvollen Bedingungen herangezogen und geschlachtet werden? Das Produkt selbst gibt keine Antwort, jedenfalls keine für den Konsumenten hörbare. Antworten liegen hinter den Dingen. Die Nichtsichtbarkeit ist Voraussetzung für die Verkaufbarkeit. Ein Schnitzel sieht nicht aus wie ein Stück vom Schwein, eher wie ein panierter Lappen. Beim Hähnchen ist das schon anders. Hier könnten sich Gedanken breit machen darüber, was diesem Tier während seines kurzen Lebens widerfahren sein dürfte. Doch das ist eher unwahrscheinlich. Es ist erstaunlich, wie es der Nahrungsmittelindustrie gelingt, geschundene Kreaturen so appetitlich herzurichten, dass düstere Gedanken ausbleiben. Das ist die andere Seite des Marketing: Dirty Marketing.

Warum dieser Ausflug? Weil, so meine feste Überzeugung, Bio ohne Marketing nicht funktioniert. Einzige Einschränkung: Bio-Marketing verträgt sich nicht mit schmutzigen Methoden. Gutes Marketing kann nur aus tiefster Seele gemacht werden, und Bio bietet dafür den optimalen Nährboden.

Diese Ausführungen führen uns zum Kern guten Marketings. Wo das zu finden ist? Beim Respekt vor dem Kunden und bei einem angemessenen Umgang mit ihm - einer Haltung, die sich mit einem Wort beschreiben lässt: Anstand.

Bevor ich meinen Bioladen betrete, blicke ich im Eingang auf ein schönes großes Foto mit ein paar Hühnern auf einer saftig grünen Sommerwiese. Drinnen im Laden stehen gestapelte Eierpaletten. So fleißig kann kein Huhn sein, auch fünf gemeinsam nicht. Die ehrliche Botschaft lautet: Die Eier der fünf Hühner isst der Bauer selber. Die Paletteneier kommen von woanders her, aus der Massentierhaltung nämlich. Als Kunde möchte ich nicht wissen, welche Eier es im Laden nicht zu kaufen gibt, sondern wie die Bedingungen sind für die Hühner, welche die Paletten füllen. Das ist Täuschung, zumindest Irreführung, auch wenn zwischen Foto und Eierpaletten etliche Meter liegen.

Der zitierte Eierproduzent ist an diesem Widerspruch übrigens unbeteiligt. Neben den Eierpaletten stehen stets aktuelle Hinweise zu den Produktionsbedingungen in seinem Stall. Umso ärgerlicher, dass der Kunde am Nasenring in den Laden geführt wird, mit einem falschen Versprechen nämlich.

Mit dem Anstand verheiratet ist die Ehrlichkeit. Biokunden sehnen sich nach verträglichem Umgang mit der Natur und deren Nutzung für die eigene Ernährung. Das ist ein tückischer Nährboden für haltlose Versprechen.

Versprechen Sie nicht mehr als Sie halten können. Biokunden kommen zu Ihnen mit einem Riesenkoffer an Vorschusslorbeeren. Sie halten Sie für glaubwürdig. Das ist Ihr Kapital. Und abgesichert ist Ihr Kapital durch Ehrlichkeit. Lieber einmal eingestehen, dass etwas nicht nur traumhaft schön ist, sondern im Moment nur die bessere Lösung.

Die Biobranche ist nicht automatisch resistent gegen uneinlösbare Versprechen. Achten Sie darauf, dass Sie nicht mitgerissen werden, nur weil irgendein Pseudo-Bio-Windhund seine miesen Spiele mit nicht eingehaltenen Versprechen treibt.

So viel zum Thema Marketing. Mehr müssen Sie über Marketing erst einmal nicht wissen. Sie verfügen jetzt über ein solides und tragfähiges Marketingfundament, jedenfalls für Ihr Anliegen. Ihre Marketingkompetenz wächst von nun an mit der Praxis. Sie betreiben Marketing von jetzt ab ohne Vorbehalte, denn es ist richtig, wenn Konsumenten sich optimal versorgen, und das ist nun einmal bei Ihnen. Marketing hilft den Kunden, den richtigen, also Ihren Laden zu finden und Ihnen treu zu bleiben.

Perspektivwechsel

Marketing gehört spätestens jetzt zu Ihrer Grundausstattung. Jetzt können wir uns dem eigentlichen Anliegen dieses Buches zuwenden. Dabei wird unterstellt, dass viele Bioladenbetreiber ihren Fokus allzu sehr auf das Sortiment richten zu Lasten der Kundenperspektive. Dem Kunden wird unbewusst die gleiche Produktfixierung zugeschrieben. Besucher des Ladens werden somit als Konsumenten wahrgenommen. Und der Betreiberblick senkt sich wie von selbst in den anhängergroßen Einkaufswagen: *Na, da passt doch noch was rein!* Damit ist der Tiefpunkt erreicht: Konsummaschine Kunde. Das ist natürlich hoffnungslos übertrieben. Ich habe es aber schon mehr als einmal erlebt, dass mein Einkauf im Bioladen als Stammkunde so kommentiert wurde:

Ist das alles heute?

Diese Produktfixierung ist Folge des betrieblichen Alltags. Die Sortimentspflege nimmt nun einmal viel Zeit, Energie und Aufmerksamkeit in Anspruch. Das Ärgerliche daran ist, dass auf diese Weise Potentiale verschenkt werden - Potentiale, die sowohl das Betriebsergebnis als auch die Kundenzufriedenheit erhöhen könnten und Ihre eigene im Übrigen noch dazu.

*Produktfixierung
bedrängt Kunden
durch Kauferwartung*

Diese einseitige Produktfokussierung lässt sich so veranschaulichen:

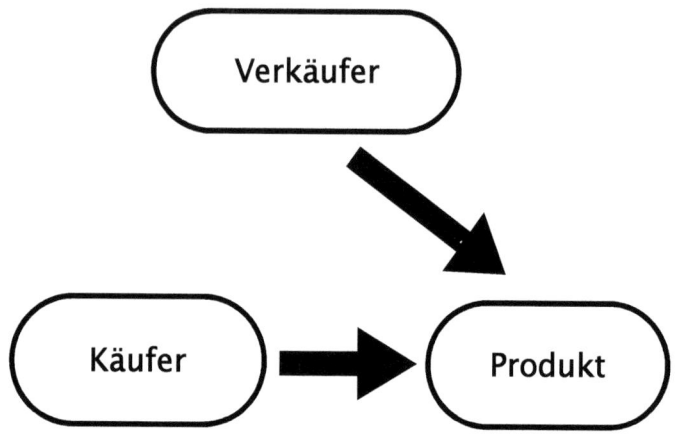

Der Verkäufer stellt seine Beziehung zum Kunden allein über das Produkt her. So verkaufen Discounter. Dort macht die Produktfixierung in der Tat Sinn. Der Discountkäufer will billig. Discounter wissen wie das geht. Ihr Erfolg beruht auf einer Primitivlogik, die allein auf den materiellen Vorteil des Kunden zielt – und natürlich des Discounters. Die Produzenten werden gnadenlos ausgequetscht, müssen ihre Standards immer radikaler absenken. Die Bilder zerschundener Tiere in der Massentierhaltung sprechen für sich. Dieser Discounterzyklus ist schlichtweg würdelos. Schon seit längerem gibt es dort auch Billig-Bio – eine Huldigung der Bio-Erfolgswelle auf

Discounterart. Um die Auswirkungen auf Biostandards mag man gar nicht nachdenken.

Darin liegt aber auch eine Chance für den Bio-Fachhandel als ultimativer Alternative mit eindeutigen und konsequenten Maßstäben. Fairness ist so einer. Fairness aber geht nur mit den Menschen. Sie müssen wissen, dass es Discounter-Fairness nicht gibt und nicht geben kann. Und damit wissen Sie als Kunde, warum Sie etwas tiefer in die Tasche greifen. Versuchen Sie gar nicht erst, den Discounter-Preisen Paroli zu bieten. Am Ende stecken Sie in der gleichen Falle.

Richten wir den Fokus also auf den Kunden. Ihn vor den Fängen der Discountermaschen zu bewahren, ist auch für Sie selbstverständlich. Mit dem Fokus auf das Sortiment sind die Möglichkeiten begrenzt. Ehe Sie sich besinnen, denken Sie über Aktionspreise nach, ein Kardinalfehler.

Ihre Kunden sind keine Konsummonster, sondern Menschen, die sich bewusst für biologische Produkte entscheiden und ihre Einkäufe mit voller Absicht in einem überschaubaren selbständigen Bioladen tätigen. Der Kunde kommt also mit einer Haltung, die über die Produkte weit hinausgeht. Der Bioladen verspricht ihm mehr als Bio-Standard, nämlich eine Auswahl, in der auf Qualität geachtet wird, landwirtschaftliche Betriebe bevorzugt werden, in denen noch bäuerlich gewirtschaftet wird und nicht mit industriellen Methoden und Techniken. Und der Kunde bekommt soweit wie möglich frische Produkte ohne lange Transportwege und vorrangig saisonal. Diese Garantien erwartet der Kunde von Ihnen. Die Änderung der Perspektive in Richtung Kunde hat gravierende Auswirkungen, und zwar ausnahmslos positive.

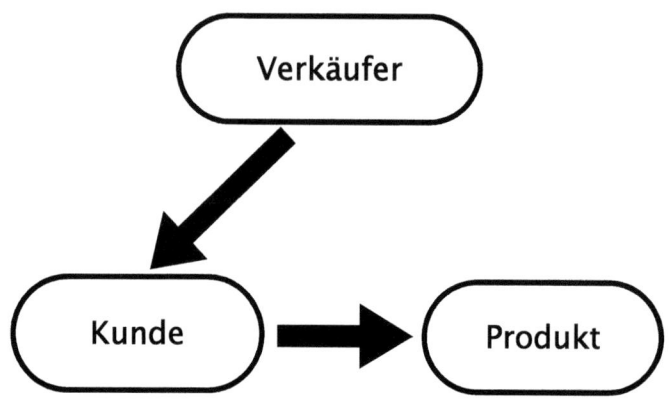

Jetzt nehmen Sie Kontakt auf zum Besucher Ihres Ladens. Sie machen sich Gedanken darüber, welche Botschaften Sie ihm übermitteln möchten. So entstehen Geschichten über Ihr Engagement, Ihr Sortiment und die Geschichten dahinter, die Segnungen des ökologischen Landbaus. Sie nehmen Ihre Besucher mit auf eine Reise in Richtung einer etwas besseren Welt. Ein gutes Gefühl ist Ihr Geschenk an den Kunden. Die Wirkung ist allseitig: Das eigene Handeln tut gut - dem Kunden, dem Laden, den Produzenten, der Umwelt – und Ihnen sowieso.

Anstelle des Kassenkommentars: Ist das alles heute? vernimmt der Kunde erfreut: Schön, dass Sie uns besuchen!

Dazwischen liegen Welten und der Schlüssel für diesen Weltensprung ist der Perspektivwechsel vom Produkt zum Kunden.

Der Marketingblick auf den Kunden legt nahe, ihm eine Atmosphäre zu schaffen, in der er sich wohl fühlt. Abgesehen von der materiellen Ausstattung, also der Raumgestaltung, den Farben, dem Licht, geht es dabei darum, dass sich der Kunde aufgehoben fühlt, verstanden und wertgeschätzt.

Das Kundeninteresse verflüchtigt sich allerdings, wenn das Sortiment nicht die Erwartungen erfüllt. Alltagsgerecht wird das Prinzip damit erst, wenn das Schaubild die beiden ersten Perspektiven zusammenfasst.

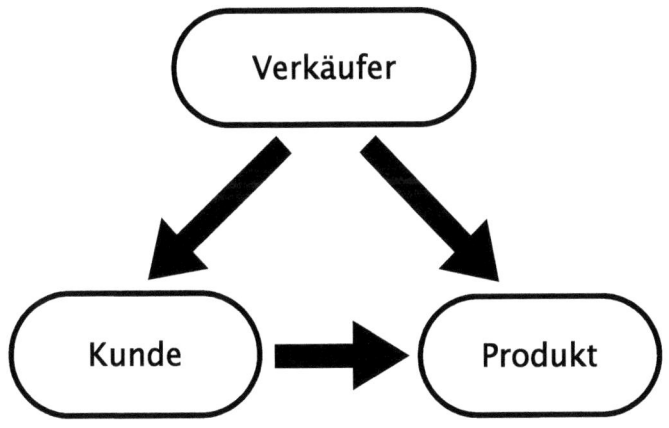

So wichtig es ist, den Kunden in den Mittelpunkt aller Aktivitäten zu stellen, das Sortiment steht nicht isoliert von diesem Prozess, sondern in enger Verbindung. Kundenbedürfnisse und Sortimentsgestaltung stehen in einer engen und dynamischen Wechselbeziehung. Das Positive an dieser Doppelorientierung liegt darin, dass Sie jetzt Ihr Sortiment aus dem Blickwinkel des Kunden betrachten. Und das funktioniert nur dann, wenn Sie über die Bedürfnisse Ihrer Kunden möglichst gut Bescheid wissen. Da Sie die Kundenbeziehung in den Vordergrund stellen, kennen sie auch deren Bedürfnisse. Schließlich steht man ja ständig miteinander im Gespräch.

Der Perspektivwechsel bekommt eine noch stärkere Akzentuierung, wenn der Kunde nicht länger als potentieller Käufer, sondern als Gast empfangen wird, der im Laden zu Besuch ist.

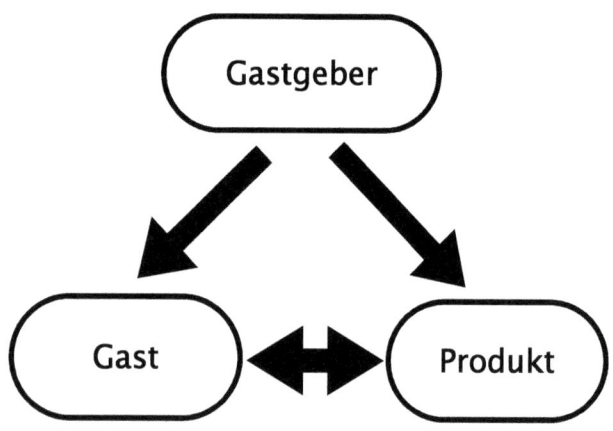

Die Aufgabe des Ladenbetreibers ändert sich unter diesem Blickwinkel nochmals deutlich. Als Gastgeber kümmern Sie sich um das Wohlbefinden ihrer Gäste. Der Kaufaspekt wird nachrangig. Das muss Ihnen keine Sorgen bereiten. Umso eher nämlich wird der Gast kaufen, weil er sich nicht bedrängt fühlt.

Dem Gast werden Kommentare erspart wie: Ist das alles heute? und die freundliche Begrüßung: Schön, dass Sie uns besuchen! bekommt noch ein Leckerli oben drauf: Darf ich Ihnen einen Begrüßungstee anbieten?

Die Rolle als Gastgeber bietet vielfältige Ausgestaltungsmöglichkeiten. Wie die Gastgeberrolle in der Praxis bei Ihnen ausgefüllt wird ist Sache Ihrer Fantasie und des ständigen Ausprobierens. Einige Anregungen dazu werden im Teil 3 dieses Buches vorgestellt.

Mit diesem Marketingansatz laufen Sie allen Ketten mit Siebenmeilenstiefeln davon. Keine Kette - ob öko oder konventionell - kann sich auf diesem Parkett so perfekt austoben wie Sie. Und ich bin sicher: Am Ende werden sich nicht nur ihre Gäste, sondern auch sie selbst sich wohler fühlen.

Machen Sie Marketing zu Ihrer Herzensangelegenheit. Als Gastgeber sind Sie dafür bestens aufgestellt. Marketingtechnokraten haben Ihnen gegenüber keine Chance, und das ist gut so.

*Gutes Marketing
kommt
von Herzen*

Immer schön konkret ...

Allgemeinbegriffe haben es schwer. Das geht mitunter sogar so weit, dass ihre Benutzung gänzlich gemieden wird. Der Begriff Nachhaltigkeit ist so ein Beispiel für nachhaltig (!) überstrapazierte Nutzung. Und von der Sorte gibt es viele. Auch die Biobranche bleibt von solchen schwammigen Worthülsen nicht verschont.

Natürlich ist Ihnen Nachhaltigkeit wichtig. Und Regionalität, und Saisonalität, und qualitatives Wachstum, und Klimastabilität, und Ressourcenschonung, und so vieles mehr, was hier zu erwähnen den Rahmen sprengt. Sicher bemühen Sie sich, möglichst vielen dieser Kriterien Ihre Aufmerksamkeit zu schenken. So erfreulich Ihr Engagement ist, so wenig taugt es auf der Schlagwortebene zur Kundenkommunikation.

Begeben wir uns auf einen kleinen Ausflug: Seit Urzeiten befassen sich Menschen mit der Frage nach der leitenden Kraft, einer führenden und schützenden unsichtbaren Hand. Es geht um Religionen. Ich bin Atheist, darum geben Sie sich an dieser Stelle bitte mit einer nur oberflächlichen Beschreibung zufrieden. Mir ist keine Religion bekannt, die ohne Leitfiguren auskommt. Jesus Christus, Mohammed, Buddha, Götterfamilien oder Naturgottheiten: Gemein ist allen Religionen die Konzentration auf einzelne Repräsentanten oder Gruppen von Repräsentanten, also die Personifizierung. Die katholische Kirche treibt es auf die Spitze - sie stellen neben ihren übermenschlichen Gott noch einen höchst irdischen Vertreter, den Papst. Doppelt genäht sozusagen. Der Name Gandhi steht für eine Haltung, zu deren Beschreibung sein Name genügt.

Was immer man als Grund für diese Gemeinsamkeiten ansehen möchte, aus der Sicht des Marketings erfüllen alle Religionen damit eine Grundvoraussetzung für ihre Wirksamkeit, die personelle Repräsentanz.

Auf der Suche nach Gegenbeispielen fallen mir die vielen Nichtregierungsorganisationen ein, von Amnesty international über Greenpeace bis zum WWF, die auf den ersten Blick mit dem Anliegen punkten und nicht mit ihren Propagandisten. Das funktioniert allerdings nur, solange ihr Anliegen hinreichend konkret ist. Greenpeace weiß ein Liedchen davon zu singen und ist penibel darauf bedacht, nicht in den Unverbindlichkeiten von Allgemeinplätzen zu versinken.

Auch der Club of Rome ist in erster Linie durch seine Analysen und Voraussagen berühmt geworden und nicht durch einzelne Persönlichkeiten. Hier wirkt das Vertrauen in die Kompetenz des internationalen Teams der Wissenschaftler und deren mutigen Einsatz für eine Revision überholter Denkmuster.

Das mag genügen, Schwächen des Allgemeinen und Stärken des Konkreten gegenüber zu stellen. Je klarer, fokussierter und griffiger das Anliegen, umso eher kann auf Personifizierungen verzichtet werden. Das Bioanliegen ist griffig. Personalisierungen sind daher nicht zwingend. Allerdings franst das Konzept zu seinen Rändern hin aus. Die EU-Standards haben die Eintrittsschwelle herabgesenkt. Gleichzeitig sind im konventionellen Bereich Anstrengungen unübersehbar, ihre Produkte aufzuhübschen. Die Aufkleber versprechen Bio-Werte: Keine Gentechnik, keine Geschmacksverstärker, frei von künstlichen Aromen und anderes mehr. Bio-Mindeststandards und gehobene konventionelle Standards vermindern die Differenz.

Eine Doppelstrategie hält Sie auf der sicheren Seite: Ihre Produktauswahl besteht aus Spitzenprodukten, zugleich stärken Sie Ihre Kundenbindung durch Personalisierung. Und diese Personalisierung im Bioladen trifft nun einmal vornehmlich Sie selbst. Um es auf die kürzest mögliche Formel zu bringen: Der Laden sind Sie! Mit Ihrem Team an Ihrer Seite.

Stellen Sie stimmige Beziehungen her

TEIL 2
Annäherung

Beim Lesen des ersten Teils sind Ihnen sicher schon einige Ideen gekommen, die Ihrem Laden gut tun könnten. Bevor Sie sich an die Umsetzung machen, sollten Sie sich noch ein wenig Zeit nehmen und sich fragen, wie es denn derzeit um Ihr Projekt bestellt ist. Umso gezielter können Sie anschließend ans Werk gehen.

Dieses Buch liefert einen Außenblick auf inhabergeführte Bioläden. Sie dagegen betrachten Ihr Projekt von innen heraus. Ihr Innenblick kann hier nun einmal nicht einfließen, wie denn auch. Diese unterschiedlichen Blickwinkel führen zu Diskrepanzen und ebenso zu Übereinstimmungen. Es macht Sinn, die Positionen abzugleichen. Dieser Abgleich bleibt naturgemäß Ihnen überlassen, kann hier also nicht behandelt werden. Ohnehin bietet dieses Buch keine Lösungen, sondern Anregungen. Ob und wie Sie solche Anregungen für sich nutzen, bleibt Ihnen überlassen. Wie das gehen kann, soll nun ausprobiert werden.

Am wenigsten wird Ihnen die Unterstellung gefallen, Sie seien produktfixiert. Nehmen Sie sich etwas Zeit, sich selbst auf den Zahn zu fühlen.

Sind Sie produktfixiert?
(Nehmen Sie sich 5 Minuten Zeit zum Sinnieren, bevor Sie antworten.)

Ja, weil

_____

_____

_____

_____

_____

Nein, weil

_____

_____

_____

_____

_____

_____

Als mutmaßliches Ergebnis halten wir fest: Sie halten sich für produktfixiert, aber nicht nur. Ein knallhartes Resultat ist das nicht. Taugt das als Ansatz für eine gute Marketingstrategie? Und was soll das überhaupt heißen: Produktfixiert? Wie auch immer, dem Verkauf messen Sie große Aufmerksamkeit bei. Und zwar aus dem einfachen Grund, weil Verkaufen Ihre Existenzgrundlage bildet. Dafür ist der Laden schließlich da, dafür arbeiten Sie, und zwar deutlich überproportional und ohne Freizeitausgleich. Und wem soll schließlich damit gedient sein, gute Produkte nicht zu verkaufen?

Allerdings wollen Sie kaum mit dieser Tür ins Haus fallen. *Ich will Ihr Geld* hört sich eher an wie die Ansage zum Bankraub. *Ich verkaufe tolle Produkte* klingt schon besser. Doch auch damit bleiben Sie weit hinter Ihren Möglichkeiten. Schaffen Sie Raum für gute Gefühle. Genau darum wird es im weiteren Verlauf immer wieder gehen. Wie nahe Sie diesem Ziel schon sind, soll jetzt etwas genauer untersucht werden.

Das Quartier

Sie werden sich an den Bewohnern Ihres Quartiers die Zähne ausbeißen, wenn Sie das Milieu ignorieren. Im Studentenviertel sieht ein Bioladen anders aus als im wohlstandsbürgerlichen Vorort. Im Studentenviertel darf der Laden schon mal etwas rummelig wirken, solange jedenfalls, wie das Engagement der Betreiber dominiert und die Ware o.k. ist. Im Team arbeiten vorwiegend Studierende mit limitierten Bio-Fachkenntnissen, dafür sind sie Teil der Szene, verleihen dem Laden eine aufmüpfige Frische, ein bisschen Bio-Revolte für eine bessere Welt. Zukunftsmelodie.

Bürgerliche Quartiere achten stärker auf Äußerlichkeiten. Sie fühlen sich wohl, wenn das Ambiente gepflegt daherkommt. In einem Wohlstandsviertel ist hochwertige Ausstattung Bedingung, ebenso das exklusive Angebot und ein Team, das adrett aussieht, freundliche Umgangsformen pflegt und sich in der Materie auskennt. Hier sonnt sich die Kundschaft im warmen Gefühl, Gutes getan zu haben. Gegenwartsgutmenschentum.

Quartier und Laden bilden im Idealfall eine Einheit. Wofür steht Ihr Quartier? Gibt es Markenzeichen, die quartierstypisch sind? Wie sieht es mit der Finanzkraft der Anwohner aus? Worin unterscheidet sich das Quartier von anderen Teilen der Stadt?

Die wenigen Fragen legen nahe, das Besondere des Quartiers herauszufinden. Dafür brauchen Sie keine Agentur. Es genügt, wenn Sie das Quartier auf sich wirken lassen und ein wenig herumstreifen. Was gefällt Ihnen hier besonders? Und gibt es offene Wunden? Die Beantwortung dieser Fragen liefert das Grundmaterial für die Ausgestaltung Ihres Ladens.

Und Sie merken schon jetzt, dass es wenig Sinn macht, von Anderen einfach nur abzukupfern. Was im Quartier A perfekt funktioniert, kann im Quartier B brutal scheitern.

Ihnen als Betreiber kommt eine Schlüsselrolle zu. Problematisch wird es, wenn Sie selbst sich dem Quartier nicht zugehörig fühlen. Kunden spüren, ob Sie die gleiche Sprache sprechen. Das führt sehr schnell zu Absetzungsbewegungen, die Ihnen das Leben schwer machen. Suchen Sie nicht das betuchte Quartier, sondern das, in dem Sie sich zu Hause fühlen. Wenn in einem Stadtteil viel Geld ausgegeben wird, heißt das noch lange nicht, dass es in Ihrer Kasse klingelt.

Vertrauensfrage

Stammgäste sind ein wertvolles Gut. Und sie geben Ihnen das Wertvollste, das sie Ihnen geben können, ihr Vertrauen. Vergessen Sie keine Sekunde, dass Ihre erfolgreiche Geschäftstätigkeit allein auf Vertrauen beruht. Wertschätzen Sie vielmehr, dass es Ihnen gelungen ist, das Vertrauen zu gewinnen. Das Vertrauen beruht auf einem Versprechen: Bei mir geht es mit rechten Dingen zu. Und das ist ein, wie man heute so gerne formuliert, ganzheitliches Versprechen. Es gilt für das Produkt, die

Bezahlung des Teams, maßvolle Preisaufschläge, für Ihren Umgang mit Ihren Lieferanten und so weiter.

Passantenblick

Der Passant ist eine flüchtige Erscheinung. Er ist mit seinen Gedanken irgendwo, mit Sicherheit aber nicht bei Ihnen. Er schaut im Vorbeigehen – mit Glück – kurz zur Seite und wenn sein Blick nicht auf Anhieb gefesselt wird, geht er weiter und hat seinen Seitenblick nicht einmal bemerkt.

Woran kann es gelegen haben, dass er nicht zumindest einen Moment lang innehält, seinen Blick auf Ihren Laden wirft, vielleicht zum ersten Mal bemerkt, dass sich hier ein Bioladen befindet? Diese Frage liefert einen guten Grund, vor die Tür zu gehen und den Anblick von außen zu prüfen. Gehen Sie ruhig 50 m die Straße entlang und nähern Sie sich Ihrem Laden. Und dasselbe gleich nochmal von der anderen Seite. Wie leicht machen Sie es den Fußwandelnden, Ihren Laden zu übersehen?

Mein Laden fällt schon von außen auf, weil

_____
_____
_____
_____
_____
_____
_____

Mein Laden fällt nicht so sehr auf, weil

_____
_____
_____
_____
_____
_____
_____

Streichen Sie als erstes alle Notizen, die anderen die Schuld geben. Das taugt, wenn Sie Ihr Gewissen in Unschuld baden wollen und schadet, wenn Sie Ihre Möglichkeiten nutzen möchten. Konzentrieren Sie sich auf diejenigen Aspekte, die in Ihrer Hand liegen.

Ihre Notizen liefern das Ausgangsmaterial für Maßnahmen zur besseren Wahrnehmbarkeit.

Eine lange To-Do-Liste breitet sich fordernd vor Ihnen aus, ein Zeitfressermonster der Extraklasse. Sie haben leider weniger Zeit mit der Erledigung, als Sie ohnehin schon denken, denn was lange liegt, wird schwer wie Blei. Das fasst dann niemand mehr an. Darum setzen Sie sich so kurze wie ultimative Teilziele und Teilfristen, die sofort umgesetzt werden. Und genießen Sie jedes erreichte Teilziel.

*Lieber viele kleine Ziele,
die sich leicht
erledigen lassen
als ein Megaziel,
vor dem alle weglaufen,
weil es schon beim Anschauen
nach Sisyphusarbeit aussieht.*

Doch zurück zur Analyse.

Die erste Frage lautet: Welche Botschaft strahlt Ihr Laden aus?

- Rätselraten:
    - Erkenne ich auf Anhieb, ob der Laden geöffnet hat?
- Blickfang:
    - Zieht das Schaufenster meinen Blick auf sich?
- Wertigkeit
    - Warum lädt der Laden zum Eintreten ein?

Kann man von der Straße aus eindeutig erkennen, ob der Laden geöffnet hat? Die alte Einsteckfahne mit der Eisreklame hat am Kiosk schon vor Jahrzehnten signalisiert: Jetzt kannst Du bei mir einkaufen. So einfach können Lösungen sein. Zeitgemäßer und wirkungsvoller sind Lichtbotschaften. Natürlich sind Sie Vorreiter im Energiesparen. Keine Regel aber ohne Ausnahme. Für einen dunklen Laden zahlen Sie nämlich einen hohen Preis: Verschenkten Umsatz.

Erster Eindruck

Der erste Eindruck zählt, genauer: Es sind die ersten Sekunden. Wenn der Kunde als Erstes ein verhuschtes Schaufenster erblickt, werden Sie hart arbeiten müssen, diesen Ersteindruck anschließend zu revidieren. Er hat ohnehin nur den Laden betreten, weil er nicht wusste, wo er auf die Schnelle anderswo Topinambur bekommen kann. Und wird den schnellsten Weg wählen, den Laden wieder zu verlassen. Als Erinnerung bleibt: Für Topinambur ist der gut. Aber mein Laden ist das nicht.

Die Attraktivität des Schaufensters überträgt der Passant auf den Laden insgesamt. Haben Sie darauf geachtet, dass die Dekoration im Schaufenster gut ausgeleuchtet ist? Wenn das Schaufenster ein Schattenkino ist, dürfen Sie sich nicht wundern, dass niemand hinschaut. LED-Spots mit unterschiedlichen Lichtfarben zerstören zudem die Harmonie. Wenn das Schaufenster dann noch unaufgeräumt wirkt, wird der Vorbeigehende das als unambitioniert interpretieren. Dann ist für den Kunden der Discounter nicht mehr die schlechtere Wahl.

Was gibt es in Ihrem Schaufenster zu sehen? Die erste Frage: Wann haben Sie sich zuletzt mit der Dekoration befasst? Welche Botschaft sendet die Dekoration aus? Haben Sie das Schaufenster nach Ihren Vorstellungen gestaltet oder reingestellt, was Ihnen Hersteller und

Großhandel zur Verfügung stellen? Wie viel Liebe steckt in der Gestaltung des Schaufensters?

Nicht selten trifft der neugierige Blick ins Schaufenster auf die Rückseiten von Regalen, nachvollziehbare Folge der Raumnot im Laden. Die Wirkung ist dennoch fatal und Ihre Kreativität gefordert, dieses optische Manko zu beseitigen.

Wie halten Sie es mit der Qualität? Hoffentlich ist das Gemüse im Laden nicht genauso angezählt wie die Schaufensterdekoration. Wobei der Vorbeigehende gar nicht so weit denken wird, sondern einfach nur den Blick abwendet. Das ist der worst case. Der Passantenblick braucht visuelle Anreize, um sich Ihrem Laden, Ihrem Schaufenster zuzuwenden. Und diese Anreize müssen ausnahmslos positive Botschaften senden.

In ein unbekanntes Geschäft zu gehen, erfordert Überwindung. Besucher wissen noch nicht, ob sie dort gut aufgehoben sind. Kann man da mal reingehen und sich guten Gewissens umschauen ohne zu kaufen? Oder begibt man sich in die Fänge umsatzgieriger Verkäufer?

Damit Erstbesucher wieder kommen, brauchen sie vor allem Ruhe und Zeit. Lassen Sie diese potentiellen Neukunden ungestört herumstöbern und unterlassen Sie alles, was sie bedrängen könnte. Wenn sie mit einer Tüte Kekse den Laden verlassen, haben sie die Entscheidung gefällt, dass sie wiederkommen werden. Die Entscheidung fällt über die Atmosphäre. Eine freundliche Stimmung, ein liebevoll hergerichtetes Sortiment, gut lesbare Produktinformationen, sind einige der Elemente, die zum Erfolg beitragen. Und an der Kasse ein freundlicher Begrüßungsblick zum Kunden, bevor die Ware über den Scanner gezogen wird.

Sobald der Kunde Aufdringlichkeit verspürt, wird er die Flucht ergreifen und diese Einkaufsstätte nicht wieder beehren. Später wird er toleranter. Der Erstkontakt ist die sensibelste Phase bei der Neukundenaquirierung.

Atmosphären-Test

Betrachten Sie sich und Ihr Team als Orchester. Ihre Musiker stehen im Laden und ohne weitere Anweisung macht jeder, was ihm gerade einfällt. Wohlklang hört sich anders an. Zweifellos braucht es zunächst einen Dirigenten. Sie wissen schon: Der Dirigent sind Sie! Als Dirigent wissen Sie aber auch: Nur gute Musiker können gut musizieren. Damit die Musik gut wird, muss das Orchester eine Einheit bilden. Alle hören aufeinander und alle folgen den Anweisungen des Dirigenten. Spielt bei Ihnen ein Orchester oder spielt jeder für sich? Damit stellen Sie sich einer Kernfrage für den Erfolg. Ihre Besucher spüren die Unterschiede, allerdings in der Regel unbewusst. Die Folgen dieser Empfindungen sind dramatisch, sie entscheiden darüber, ob Sie Kunden wiedersehen oder nicht.

Mit einem ganz einfachen Test können Sie feststellen, wie es um die Atmosphäre in ihrem Laden steht.

Stellen Sie Ihrem Team folgende Aufgabe:

Nenne 10 Gründe, warum Kunden gern bei uns einkaufen. Sortieren Sie die Antworten. Zählen Sie aus, wie viele Antworten unter die Rubrik Atmosphäre fallen.
Hier meine Bewertungsskala:

50 % und mehr	*ZUVIEL! (Sie betreiben einen Bioladen und kein Wellness-Center!)*
30 % bis 50 %	*PERFEKT!*
10 % bis 30 %	*DA IST MEHR DRIN!*
0 % bis 10 %	*ALARMSTUFE ROT!*

Das Team misst der Atmosphäre im Übrigen nur dann Bedeutung bei, wenn es sich selbst wohlfühlt. Eine gute Atmosphäre hat also einen doppelten Nutzen. Sie sorgt für Kunden, die sich bei Ihnen wohlfühlen und für ein Team, das gern bei Ihnen arbeitet. Kunden spüren das sofort. Im anderen Fall natürlich ebenso. Kunden können sich bei Ihnen nur dann wohlfühlen, wenn es dem Team ebenso geht. Wenn es im Team rumort, können Sie sicher sein, dass Kunden irritiert sind. Solche Stimmungen übertragen sich.

Wenn Sie Ihren Laden weitgehend allein betreiben, können Sie Ihr Team natürlich nicht befragen. Fragen Sie

Ihre Kunden. Für die Beurteilung der Atmosphäre sind Kunden und Team schließlich gleichermaßen kompetent.

Ein Wohlfühlbarometer Ihrer Kunden sind darüber hinaus deren Zufriedenheitsäußerungen. Positive Kommentare zeigen, dass Sie auf einem guten Weg sind. Kritische Bemerkungen sollten selten sein. Nicht alle Kunden können zu jeder Zeit glückselig sein. Wiederholen sich kritische Bemerkungen, beseitigen Sie die Ursachen. Gehen Sie – wenn möglich - der Kritik voraus, indem Sie möglichen Beschwerden zuvor kommen.

Führen heißt vorausgehen

Kundenbefinden

Ich kenne meine Kunden, die meisten jedenfalls. Ich weiß, was sie in meinem Laden suchen und kümmere mich darum, dass sie nicht enttäuscht werden. Das habe ich im Griff. Das ist sie wieder, die alte Bekannte, die Produktfixierung. Es ist nicht genug, dass die Kunden bekommen, was sie suchen. Ebenso wichtig ist es, wie sich Ihre Kunden bei Ihnen fühlen.

Wie sorgen Sie dafür, dass sich Ihre Kunden wohlfühlen? An dieser Stelle geht es noch nicht um Maßnahmen, sondern darum, die Situation zu erfassen, in der Sie sich mit Ihrem Ladenprojekt befinden. Es bleibt daher im Moment bei der Feststellung, dass eine angenehme Atmosphäre wichtig ist, sich aber nicht von selbst einstellt, sondern behutsamer Entwicklung und Pflege bedarf. Fatal ist allein, wenn Sie diesen Bereich übersehen und damit die Chancen auslassen, die eine Wohlfühlatmosphäre bietet. Es ist eben nicht genug, wenn die Kunden zufrieden sind. Zufriedenheit bekommen sie anderswo auch und so ist die Schwelle gering zum Abwandern in andere Einkaufstempel. Wenn Ihre Kunden zufrieden sind, ist das für die Kunden o.k., für Sie eindeutig zu wenig. Sie wollen schließlich, dass Ihre Kunden Ihren Laden lieben und sich um nichts in der Welt weglocken lassen.

Zufriedene Kunden tappern solange in Ihren Bioladen, bis sie mit einer anderen Variante noch zufriedener sind. *Mit dem Weg zum Supermarkt spare ich Zeit, erledige den Einkauf an einem Ort,* die üblichen Gründe also. Die Treue zufriedener Kunden ist brüchiges Eis. Sie sind solange zufrieden mit Ihnen, wie sie ihre Zufriedenheit nicht anderswo optimaler herstellen.

Da ist es schon besser, wenn die Kunden mit Ihrem Laden glücklich sind. Glückliche Kunden hängen an Ihnen. Sie bewundern Ihr Engagement, die Liebe zu den Produkten und die Gedankenwelt dahinter. Sie sind glücklich, weil sie sehen, dass alles im Laden bewusst so gestaltet und gewählt wurde, um den Kunden das Beste zu bieten, was gerade möglich ist. Glückliche Kunden denken nicht über Einkaufsoptimierungen nach, jedenfalls nicht für den Biokauf. Im Gegenteil, Ihr Laden ist fest programmiert in der Einkaufsplanung - als Highlight im ansonsten konsumgetriebenen Alltagstrott.

Als produktfixierter Ladenbetreiber haben Sie nun ein Problem. Ihr Sortimentsblick bietet keinen Raum dafür, Glücksgefühle zu wecken. Das müssen Ihre Kunden schon selbst erledigen. Das wollen Sie so nicht auf sich sitzen lassen? Dann machen Sie doch mal die Probe aufs Exempel.

*Zufriedenheit
macht
blind!*

Ich bin Verkäufer, weil

_____

_____

_____

_____

_____

Ich bin Seelenaufheller, weil
(Mit dem Begriff Seelenaufheller will ich vermeiden, Schubladendenken Raum zu geben. Dieser etwas kuriose, aber unbelastete Begriff soll keinen Ballast mit sich tragen. Mehr nicht.)

_____

_____

_____

_____

_____

_____

Wie weit sind wir bislang gekommen? Sie haben aufgeblickt, sich ein wenig abgewandt von der täglichen Fixierung auf den Ladenbetrieb und den Blick Ihren Kunden zugewandt. Betrachten Sie fortan Ihren Laden aus dem Blickwinkel Ihrer Kunden und solcher Menschen, die bislang an Ihrem Laden vorbei gehen. Dieses Marketingrezept ist alles andere als originell. Und doch ist es dasjenige, das besonders gern übergangen wird.

Als erstes versetzen Sie sich in solche Kunden, die an Ihrem Laden vorbei gehen. Die berühmte Hemmschwelle wird in aller Regel als größtes Hindernis angeführt. Aber das ist schon der zweite Schritt. Im ärgsten Fall hat der Passant gar keine Ambitionen, Ihren Laden überhaupt zu betreten. Zum Beispiel, weil er noch gar nicht gemerkt hat, dass es Sie gibt. Und selbst wenn, warum sollte er bei Ihnen einkehren? Bio ist nicht sein Ding und teuer ist es auch noch. Damit stellt sich für diese potentielle Kundengruppe die schwerste Herausforderung. Wer nicht will, der hat schon. Das ist zu kurz gehüpft: Nein, wer nicht will, der weiß noch nicht, warum er sollte.

Während Sie sich am Kopf kratzen und über den Nutzwert dieser Gedankenspiele nachdenken, sollten Sie das Buch an dieser Stelle ruhig eine Weile aus der Hand legen. Suchen Sie bei der nächst passenden Gelegenheit Läden auf und betrachten Sie deren Umgang mit Besuchern des Ladens. Welche Reaktion erfährt jemand bei Betreten des Ladens? Ist das Personal so sehr mit sich selbst beschäftigt, dass man meinen könnte, dort sei gerade Inventur? Oder stürzt jemand auf den verdutzten Besucher zu mit dem Angebot gezielter Kaufberatung, während dieser sich noch den Nebel von der beschlagenen Brille putzt? Vielleicht haben Sie das Glück, mit einem freundlichen unaufdringlichen Blick empfangen zu werden. Das wäre schon mal ein sehr guter Tipp!

Betrachten Sie Ihren Laden aus dem Blickwinkel Ihrer Kunden

Routine

Routine ist eine Infektionskrankheit. Und zwar von der besonders fiesen Art. Ihre Übertragungswege sind vielfältig. Sie schleicht sich ein, möchte unbemerkt und schleichend ihr destruktives Werk verrichten. Wenn sie siegt, hat sie Ihrem Laden sein Leben ausgehaucht. Es bleibt die materielle Hülle - kühl, farblos, ausgedörrt. Sie bemerken die Krankheit in der Regel nicht, sind lediglich etwas müder und damit antriebsloser als gewohnt. Ihre Müdigkeit nimmt Ihnen Schaffenskraft, Kreativität, Freude, Mut und damit all jene Eigenschaften, die Ihr Projekt voranbringen. Die Routinekrankheit hat ihr Ziel erreicht, wenn Sie anfangen darüber nachzudenken, wie lange Sie sich diesen Stress noch zumuten wollen.

Um diesen fiesen Wirkungen zu entkommen, gibt es ein einfaches Mittel. Fragen Sie sich selbst in regelmäßigen Abständen nach Ihrer Bereitschaft zur Veränderung. Gehen Sie morgens in den Laden, um dort die anfallende Arbeit zu erledigen oder weil Sie etwas Neues ausprobieren wollen? Ersteres ist immer der Fall, zweiteres nur dann, wenn die Routinekrankheit noch nicht ausgebrochen ist.

Wenn Sie in der Routinefalle bereits angekommen sind, ist Revitalisierung angesagt. Holen Sie sich Unterstützung von Anderen. Fragen Sie im Team, ob jemand Ideen hat, was man besser machen kann, sprechen Sie mit Ihren Kunden nach offenen Wünschen. Schauen Sie mal bei der Konkurrenz nach.

Jetzt brauchen Sie nur noch etwas Zeit, um ihre Lebensgeister zu vitalisieren. Sehen Sie also zu, dass Sie sich ein wenig entlasten, damit die Routine bei Ihnen keine Chance mehr hat. Sie werden sogar belohnt. Die Wirkung Ihrer Entlastung spüren Sie als Energieschub, als Lust etwas zu bewegen.

Eine zweite Chance hat Routine nicht, sobald sie erst einmal enttarnt wurde. Sie kennen sich ja jetzt aus mit dieser Krankheit und wissen, wie Sie ihr entkommen.

Die Krankheit Routine ist übrigens hochgradig ansteckend. Sie schläfert alles ein, was sie zu fassen bekommt.

Erfolgsrezept

Die Bio-Erfolgswelle rollt und rollt. Und Sie rollen mit. Die Frage ist nur – wie. Lassen Sie sich mittragen von den Wellenbergen? Oder reiten Sie mit Ihrem Surfbrett auf der Erfolgswelle? Sich von der Welle tragen zu lassen ist gefährlich. Die Welle macht mit Ihnen, was sie will. Als Surfer drehen Sie den Spieß um. Sie nutzen die Energie der Welle und machen das Beste daraus. So behalten Sie das Heft in der Hand. Hand aufs Herz: Surfen Sie schon?

Teil 3
Umsetzung

Beim Lesen des Buches bis hierhin sind Ihnen sicher schon eine Reihe von Ideen gekommen. Mit hoher Wahrscheinlichkeit finden Sie die eine oder andere Ihrer eigenen Ideen in diesem Buch wieder. Andere wiederum werden fehlen. Jeder geht nun einmal seinen eigenen Weg. Hinzu kommt: Das Ideenpotential ist riesig. Dabei handelt es sich um einen dynamischen Prozess: Neue Ideen tauchen auf, andere verschwinden in der Versenkung. Manches fällt eben irgendwann aus der Zeit. Nicht alles erfüllt zudem die Erwartungen. Es handelt sich um eine im besten Wortsinn never ending story, ein ständiges Ausprobieren. Wenn Sie dran bleiben, gewinnt Ihr Laden an Profil. Wenn Sie aufhören, fällt Ihr Laden zurück. Ehe Ihnen die Planungsarbeit lästig wird, machen Sie ein Hobby daraus - werden Sie Ideenfinder! Für neue Ideen genügt es oft schon, für kurze Zeit Abstand zu nehmen vom Alltagstrott.

Diese Dynamik des Probierens und Verwerfens lässt sich in einem Buch nicht abbilden. Diesem Mangel kann jedoch abgeholfen werden. Am Ende des Buches werde ich darauf noch einmal eingehen. Es macht nämlich Sinn, eigene Erfahrungen und Ideen an Andere weiter zu geben. Letztendlich ist es doch so: Ihr Laden ist umso stärker, je stärker auch die anderen sind. Ein guter Bioladen ist zugleich eine Referenz für die Anderen Bioläden. Da macht es viel Sinn, gute Ideen zu teilen.

Auch in diesem Praxisteil gehen wir den gleichen Weg wie zuvor, das heißt, es beginnt mit dem Weg von außen und endet mit dem Besuch im Laden. Diesem Rundgang folgen eine Reihe von weiteren Tipps und Anregungen, das Ambiente zu steigern und Kunden Gastfreundschaft entgegen zu bringen. Alle weiteren Kapitel „schreiben" Sie selbst. Über Neuauflagen finden Ihre Anregungen sodann Eingang in diesen Ratgeber.

Inszenierungen

Was kann ich tun, um Nichtkunden für mein Angebot zu interessieren? Als erstes: Aufmerksamkeit wecken. Haben Sie diese Aufgabe gemeistert? Bevor Sie eine schnelle Antwort geben, schlage ich eine Besichtigung vor.

Wer erstmals einen Laden betritt, verschafft sich zuvor gern einen ersten Eindruck durch einen Blick ins Schaufenster. Wenn das Ergebnis dieser Prüfung negativ ausfällt, geht Ihnen ein potentieller Neukunde verloren. Über das Schaufenster liefern Sie Ihre Visitenkarte beim

Passanten ab. Und über das Schaufenster wecken Sie Neugier auf das, was im Laden zu erwarten ist. Ein attraktives Schaufenster ist daher alles andere als nebensächlich.

Die Bedeutung des ersten Blicks ins Schaufenster wird in der Praxis allerdings oft unterschätzt. Schaufenster führen allzu oft ein Schattendasein in der Bioladenpraxis. Ganz arg kommt es, wenn man durchs Schaufenster auf Rückseiten blickt, seien es nun Regale oder Rückseiten von Verpackungen. Blicke in Rückseiten sind ein Affront für neugierige Schaufensterbetrachter.

Trist kommen auch Schaufenster daher, die mit einer Dauerdekoration auskommen müssen. Solche Schaufenster müssen erst einmal zum Leben erweckt werden. Dabei bieten Schaufenster sehr wirkungsvolle Möglichkeiten, das Kundeninteresse zu wecken.

Gehen Sie weiter …. Hier gibt es nichts zu sehen!

Pappteller als Sonnenschutz und Ratespiel: Was ist wohl drin in den Flaschen?

Sie können leicht die Wirksamkeit Ihres Schaufensters testen. Warten Sie auf einen kalten Wintertag mit neuem Schnee. Zählen Sie die Spuren, die von der Straße zu Ihrem Schaufenster verlaufen. (Ziehen Sie fairerweise

Ihre eigenen wieder ab) Und vergleichen Sie diese mit den Spuren auf dem Fußweg. Die Abbieger sind ein direktes Maß für die Attraktivität Ihres Schaufensters. Billiger kann man die Wirkung des Schaufensters nicht testen.

Optische Anreize locken Passanten an. Zwei Beispiele sollen einen Anreiz zur Auseinandersetzung mit diesem Thema bieten. Arrangieren Sie Hingucker. Als Lockmittel dient ein motorisch betriebener Drehteller. Das ist nicht wirklich originell, aber wirkungsvoll. (Sie finden solche Teller im Internet unter Eingabe ‚Drehteller mit Motor'. So was haben wir nicht, ist also kein Argument.)

Auf diesem Drehteller dreht sich fortan das Produkt der Woche, ein Saisonprodukt nach Möglichkeit und aus der näheren Umgebung. Ein LED-Spot rückt das Ganze ins rechte Licht.

Wenn Sie mutig sind, lassen Sie mal eine Woche lang Mangold rotieren. Klar, dass der täglich ausgetauscht werden muss. Der von gestern landet in der Verkostung. Sie arbeiten also verlustfrei. Viele Passanten blicken auf ein Gewächs, von dem sie nicht einmal wissen, wie es heißt, geschweige denn, was man damit anstellen kann. Das ist Ihre Chance! Denn neben dem Eingang steht ein Tisch mit Mangold zur näheren Begutachtung, daneben eine Box mit einem kleinen Faltblatt: Produktbeschreibung und Rezeptideen. Den dürfen die Interessierten mitnehmen, auch ohne bei Ihnen eingekauft zu haben. Und wenn sie den Schritt in den Laden wagen, bekommen sie etwas zum Probieren, mit Mangold natürlich.

Nächste Woche dreht sich ein anderes Produkt auf dem Teller. Und der Passant fängt an, bei seinem Einkaufsbummel an Ihrem Laden anzuhalten und einen Blick ins Schaufenster zu werfen. So sorgen Sie für Sternstunden in Ihrem Marketingengagement. Und das alles im Low-Budget-Bereich mit dem Erfolg, Kunden gezielt aufmerksam machen. So etwa geht Guerilla-Marketing - viel Aufmerksamkeit für wenig Geld. Der Drehteller ist kein Muss, sondern nicht mehr als ein Beispiel.

Das Prinzip besteht darin, Aufmerksamkeit dort zu wecken, wo Sie präsent sind. Mit einer Werbeanzeige erreichen Sie viele Menschen, fragen Sie lieber nicht danach, wie viele dieser Adressaten Ihre Anzeige überhaupt bemerkt haben, geschweige denn darauf positiv reagieren. Und wie viele von denen werden am Ende in Ihrem Laden stehen? Für diese Wagniskette haben Sie viel Geld ausgegeben. Da ist Marketing vor Ort zumindest überlegenswert.

Wichtig ist, dass Sie dranbleiben und nicht vorschnell aufgeben. Der Aufwand wird nicht vergebens sein. Früher oder später wird der Eine oder Andere vor der Türschwelle stehen und sich einen Ruck geben. Schon steht ein neuer Besucher in Ihrem Laden. Dort bieten Sie ihm eine kleine Kostprobe zubereiteten Mangolds an. Schon sind Sie im Gespräch. Und nicht nur das: Der Besucher Ihres Ladens fühlt sich nicht als Käufer, sondern als Gast. Er genießt den freundlichen Empfang, die kleine

Geschmacksprobe und die offene und unaufdringliche Atmosphäre.

Eine zweite Variante soll nun vorgestellt werden. Versuchen Sie es mal mit ‚Tischlein deck Dich', auch nicht wirklich neu, aber in jedem Fall eine Überlegung wert. Dekorieren Sie mit den saisonalen, regionalen Zutaten zum Rezept des Tages. Im Laden gibt es die Rezeptkarte gratis. Mit diesem Arrangement umgehen Sie ein Problem, das manche Ökoprodukte auszeichnet. Sie werden selten auf neugierige Kunden stoßen, denen beim Anblick einer Pastinake das Wasser um Mund zusammen läuft. Und zwar einfach deshalb, weil sie das Produkt noch nie verwendet haben. Mit dem Rezept haben Sie die Hürde genommen. Und wenn Sie dann noch das Rezept als Kostprobe anbieten, ist die Inszenierung komplett, zumal es zusätzlich in Ihrem Laden verführerisch nach einer leckeren Mahlzeit duftet. Natürlich kann der Kunde das Gericht des Tages auch mitnehmen. Sie bieten es ja portionsweise zum Verkauf an.

Noch eine Stufe höher auf der Leiter stehen Sie, wenn Sie statt eines Tagesgerichts, etwa der Kürbissuppe, Kürbisvariationen anbieten. Das Tagesgericht heißt dann Dreierlei vom Kürbis, angelehnt an die Tapas-Tradition in Spanien. Das macht nochmals mehr Arbeit und erhöht damit die Personalkosten. Es erhöht aber noch viel mehr, nämlich die Attraktivität Ihres Angebots. Die Kürbissuppe kocht so mancher vielleicht dann doch zu Hause selber. Dreierlei Variationen tut sich niemand an. Das bekommt er nur bei Ihnen - ein Alleinstellungsmerkmal der Extraklasse. Und für die Variationen langt der Gast gerne etwas tiefer in die Tasche. Und damit nicht genug, er nimmt auch noch ganz unentgeltlich die Rolle eines Werbers für Ihren Laden ein – indem er Freunden und Bekannten von Ihren tollen Angeboten erzählt. Guerilla-Marketing pur!

Arrangieren Sie Hingucker

Bleiben Sie bei diesem Blickwinkel. Sie werden feststellen, dass Ihnen nach und nach immer neue Ideen kommen in Ihrer Gastgeberrolle. Und mit den steigenden Tagesumsätzen macht dieses Engagement doppelt Spaß.

Diese Methode setzt auf Gastfreundschaft statt auf Kundentreue. Der Unterschied: Gastfreundschaft bringen Sie entgegen. Sie führen also die Regie. Kundentreue muss der Kunde selbst entwickeln. Ihr Einfluss ist begrenzt. Seien Sie gastfreundlich, schenken Sie Aufmerksamkeit und Fürsorge. So haben Sie das Heft in der Hand. Kaufen wird der „Gast" dann von selbst. Ein kleines Gastgeschenk, hier die kleine Kostprobe, macht den Gast im weiteren Verlauf zum Kunden. So kommen Sie am Ende zum erhofften Umsatz. Doch der steht nicht an erster Stelle. Die nimmt der Gast ein als treuer Besucher Ihres Ladens. Ihr Stammgast wird ganz von selbst zum Stammkunden.

Das bedeutet Extraarbeit. Wenn Sie gute Extraarbeit leisten, wird dieser Aufwand fürstlich entlohnt. Ein wenig Geduld werden Sie allerdings aufbringen müssen. Aber als Bioladenbetreiber sind Sie ja in Geduld geübt. Das Glück fällt nicht vom Himmel, sondern will mit so viel Liebe wie Aufwand zutage gefördert werden.

Verführungskunst

Bleiben wir noch ein wenig bei der Gastgeberrolle. Aus der Aktion sollte ein Ritual werden: dem Gaumenfreudenritual. Wie wäre es, wenn Ihre Gäste beim Eintreten in Ihren Laden auf eine Kanne Tee treffen, die zum Kosten einer Ihrer Teekreationen ermuntert. Keine Frage, das kostet. Am Ende aber zahlt es sich aus. Warum also noch zögern? Merkwürdig nur, dass sich so viele Naturkostläden schwer tun, Kostproben ihrer Produkte anzubieten, also zu verschenken. Vielleicht ist es der Blick auf den unmittelbaren Erfolg. Die Kosten-Nutzen-Rechnung braucht eine Zeitachse. Die Kosten von heute sind Verdienst von morgen.

Sie haben zunächst Recht. Bioprodukte haben ihren Preis. Das Verkosten belastet Ihre Kostenseite. Sparsamkeit ist an dieser Stelle trotzdem nicht angesagt. Mit jeder Kostprobe steigt die Kauflaune und damit Ihr Umsatz.

Die Teezeremonie versetzt Ihre Besucher in die Gastrolle. Man steht mit der Tasse Tee im Laden, bereit für ein Schwätzchen, gern auch über Bioprodukte, und vergisst für einen Moment den Alltagstrott. Der Besucher spürt, wie sich Wohlempfinden in ihm breit macht. Der Tee stand nicht auf der Einkaufsliste, im Einkaufswagen landet er dennoch. Fatal ist es nur, wenn Sie über die Kostprobe in direkte Kaufverhandlungen treten. Die Tasse Tee ist ein Begrüßungstrunk, keine Kaufanimation.

Sobald der Besucher sich bedrängt fühlt, wird er zurück weichen. Es geht vielmehr darum, den Besucher neugierig zu machen. Wenn ihm die Kostprobe gefällt, wird er Fragen stellen. Der Kunde wird aktiv und damit haben Sie gewonnen. Jetzt müssen Sie schon kapital entgegensteuern, um dieses Zusatzgeschäft noch zu unterbinden: *Ich hab' jetzt wirklich keine Zeit* zum Beispiel. Aber das wird Ihnen nicht passieren. Sie wissen ja genau, worauf es ankommt.

Wenn Sie diese Atmosphäre des freundlichen Miteinanders pflegen, wandelt sich ihr Laden zu einem kleinen Kommunikationszentrum. *Da gehe ich immer gerne hin. Man trifft immer nette Leute für ein Schwätzchen. Und gut beraten wird man auch.* Seien Sie großzügig, wenn durch Ihre Plauderrunden die Wege für den Einkaufswagen etwas enger werden. Das gehört zur Wohlfühlatmosphäre, sie ist menschengemacht und menschengewollt.

Werfen Sie mal einen kurzen Blick auf Ihre gerade anwesenden Kunden. Sind sie in sich gekehrt, den Blick mit krauser Stirn in die Regale gerichtet? Dann ist der Notstand ausgebrochen. Früher oder später finden Sie dieselben Kunden im Supermarkt oder beim Discounter wieder. Wenn sich Ihre Besucher bei Ihnen nicht anders fühlen als im Supermarkt, nämlich besser aufgehoben und offen empfangen, dann gibt es für diese Kunden keinen wichtigen Grund für den Extraweg zu Ihrem Laden. Das Bild, den Kunden als Gast zu sehen und nicht primär oder ausschließlich als Käufer liefert den Schlüssel zur Umkehr.

Lichtspiele

Viele Eindrücke der Kunden decken sich mit Ihren eigenen. Doch diese Gewissheit ist trügerisch. An manches haben Sie sich so gewöhnt, dass Sie es gar nicht mehr bemerken. Ihre Kunden dagegen reagieren unbewusst verstört auf Unstimmigkeiten, die Ihnen gar nicht auffallen. Licht ist ein oft stiefmütterlich behandeltes Thema. Ein Bioladen ist keine Dunkelkammer. Demonstrieren Sie Ihre Verantwortung vor der Umwelt und den künftigen Generationen auf andere Weise. Gutes Licht steht nicht zur Disposition, sondern ist Teil der Grundausstattung. Die LED-Technik liefert Helligkeit zum Spartarif. Da dürfen Sie im Gegenzug Großzügigkeit walten lassen. Doch mit Helligkeit allein ist es nicht getan. Gern verkaufen die Lichtexperten gefärbtes Licht für Fleisch und Wurstwaren. Da bekommt die mausgraue Biosamali plötzlich einen Rosaton, der Appetit auslösen soll. Wenn Sie diese Salami dann zu Hause auspacken, ist die Maus wieder grau. Bevor Sie die Lichtmaschen der konventionellen Supermärkte kopieren, schaffen Sie Helligkeit, setzen Sie optische Schwerpunkte und nutzen Sie warmes

Licht. Der Kunde muss sich spätestens zu Hause an die wirklichen Farben von Wurst und Gemüse gewöhnen. Gelingt das nicht, kommt er nicht wieder. Da nützen die trügerischen Farbenspiele wenig. Im konventionellen Supermarkt mag der Kunde diese Manipulation hinnehmen. Ihnen wird jede aufgedeckte Manipulation verübelt.

Und gleich noch ein Beispiel zum Thema Licht. Kennen Sie das? Sie brauchen einen Satz Schrauben oder was auch immer, würden das gern gleich früh morgens erledigen. Aber wann macht der Baumarkt auf? Um 8 Uhr oder erst um 9? Für Ihren Laden haben Sie das Problem nicht. Sie können Ihre Öffnungszeiten im Schlaf runterbeten. Können das Ihre Kunden auch? Das darf bezweifelt werden. Was also tun? Kleine „Visitenkarten" an der Ladenkasse mit Telefon und Öffnungszeiten auslegen, ist schnell organisiert. Das ist aber nicht genug. Gehen Sie raus aus Ihrem Laden und suchen Sie nach Öffnungsindikatoren. Kann man im Vorbeigehen oder Vorbeifahren auf Anhieb erkennen, ob geöffnet ist? Und klappt das bei wechselnden Tageszeiten und unterschiedlichem Wetter? Mit der Leuchtschrift „open" lösen Sie das Problem allerdings nicht. Das ist die Spielhallenvariante. Ein paar LED-Spots im Schaufenster können dagegen Wunder wirken. Kleiner Tipp: Extralicht über dem Ladeneingang. Licht an: Laden auf, Licht aus, Laden zu. So einfach kann das sein.

Öffnungszeiten werden nun einmal sehr unterschiedlich festgesetzt. Darum ist deren Signalisierung unverzichtbar. Versetzen Sie sich mal in die Lage eines Autofahrers, der mit leichten Zweifeln im Bauch nach längerer Suche einen Parkplatz gefunden hat, vielleicht noch den Parkautomaten bedient und dann vergeblich die Klinke drückt. Ein kurzer Blick auf die Uhr: 8:30. *Mist, machen die doch erst um 9 auf.* So verliert man Kunden im Sauseschritt, die doch gerade treu werden wollten. Und warum – weil der Kunde aus dem langsam vorbeifahrenden Auto nicht erkennen konnte, ob der Laden geöffnet hat oder nicht.

Hindernislauf

Bis vor einigen Jahren war es im Supermarkt gar nicht so einfach, jemanden für eine Auskunft zu finden. Personal konzentrierte sich auf die Bedienbereiche, in den Selbstbedienungsgängen waren die Kunden unter sich.

Heute ist eher das Gegenteil der Fall. Wohin Ihr Auge blickt, im Laden gibt es viel zu tun. Da werden Regale aufgeräumt, neue Ware nachgelegt, Etiketten angebracht. In den Gängen stehen Rollwagen mit Ware und andere mit leeren Kartons. Die Gänge sind so eng, dass sich der Einkaufswagen gerade noch an den Rollwagen vorbeischieben lässt, vorausgesetzt, der wurde nicht in der Mitte des Ganges abgestellt. Der Kunde schiebt sich mit seinem Einkaufswagen an den Rollwagen vorbei, so gut es geht, ein Hindernislauf der besonderen Art. Die indirekte Botschaft: Wir haben zu tun, Du musst selber sehen, wie Du klar kommst. Die Hierarchie: Erst die Ware, dann der Kunde.

Variante Zwei geht so: Sie suchen einen Möbelladen auf, etwa einen Polstermöbelshop oder einen Teppichmarkt. Ihr Anliegen ist nicht mehr, als einfach mal die Runde zu drehen und zu sehen, ob etwas Schönes für Sie dabei ist. Am Ende dieses Rundganges haben Sie das gesamte Verkaufspersonal gegengegrüßt. Die Hierarchie: Erst der Umsatz, dann der Kunde.

Was hat das mit Ihnen zu tun? Eine Menge, denn mit beiden Problemen haben auch Sie zu tun: Auch bei Ihnen werden Waren während der Öffnungszeiten nachgelegt, besonders im Frischebereich. Auch bei Ihnen trifft Ihr Team im Laden auf die Besucher.

Zunächst gilt die Regel: Der Kunde hat Vorfahrt. Mitarbeiter achten darauf, dass sie Kundenwege nicht versperren. Zweitens nehmen Sie Blickkontakt zum Kunden auf, wenn Sie einander begegnen. Das mag wie eine Selbstverständlichkeit klingen, ist es aber nicht. Allzu oft hat die Arbeit im Laden Vorrang vor dem Kunden. Dem Team ist nicht einmal ein Vorwurf zu machen. Solche Verhaltensweisen schleichen sich ein, eine typische Routinefalle. Ebenso leicht lassen sie sich allerdings auch revidieren. Eine kurze Mitarbeiterbesprechung genügt. Lassen Sie Ihr Team mal Kunde spielen. Sie demonstrieren

Nichtbeachtung im Rollenspiel. Das wirkt mehr als tausend Worte.

Was Sie lieber lassen sollten

Für den Bioladen gelten eigene Gesetze. Die Standardtipps können gewaltig nach hinten losgehen. Süßigkeiten an der Kasse ziehen Kinderblicke auf sich. Sekunden später kann das akustisch sehr deutlich wahrnehmbar werden, und zwar aus lautstark zuckerheischendem Kindermund. Und die Stimmung der Eltern geht im Sauseschritt in den Keller.

Dabei ist der Kassenbereich eine der wichtigsten Zonen. Hier muss in aller Regel gewartet werden. In diesem Bereich finden Sie oft Sonderangebote. Wie wäre es dagegen mit Artikeln, die neu in das Sortiment aufgenommen wurden? Die Wartezeit ist viel zu wertvoll, um den Blick Ihrer Kunden auf Produkte zu lenken, die Sie nur möglichst schnell loswerden wollen, weil das Mindesthaltbarkeitsdatum zugleich das Kalenderdatum ist. Der Respekt vor den Kunden fordert anspruchsvollere Beschäftigungsangebote für die Wartezeit.

Erinnerungen

Was bleibt in Erinnerung, wenn Kunden Ihren Laden verlassen? Es sind genau zwei Highlights, mit denen Sie punkten können: Dem besonderen Erlebnis und dem letzten Eindruck.

Was es damit auf sich hat, möchte ich an einem branchenfremden Beispiel beschreiben: Dem fiktiven Besuch eines Vergnügungsparks.

Variante 1: Sie kaufen die Tickets für sich und Ihre Familie und werden am Eingang zum Park mit einem Satz kostenloser Tickets für den nächsten Besuch ausgestattet. Das ist ein wertvolles Präsent. Die Freude ist groß. Frohgelaunt marschieren Sie durch den Park und verbuchen als Highlight, dass Sie sich tatsächlich getraut haben, in die Loopingbahn einzusteigen. Und damit nicht genug. Nachdem Sie dieses Wagnis wider jede Erwartung sogar überlebt haben, fahren Sie gleich noch mal mit dieser Höllenmaschine. Sie und Ihre Familie genießen den Ausflug in die Vergnügungswelt und verlassen am späten Nachmittag bestens gelaunt das Festivalgelände. An der Drehtür am Ausgang klemmen Sie sich leider sehr schmerzhaft einen Finger. Ein eilig entpacktes Papiertaschentuch stoppt den Blutfluss, die Stimmung ist dahin. Am Lenker Ihres Autos blicken Sie auf neun Finger und ein umwickeltes rotfleckiges Schmerzpaket.

Variante 2: Sie kaufen Ihre Tickets, marschieren durch die Drehtür aufs Gelände und klemmen sich dabei einen Finger ein. Taschentuch, Blutfluss, Schmerzen, der Finger pocht. Der Tag ist eh gelaufen, da lassen Sie sich sogar in die Loopingbahn zerren. Dort macht sich in Ihnen Begeisterung breit über Ihren geradezu übermenschlichen Mut, diese Höllenmaschine zu besteigen, Sie fahren gleich noch mal und ein drittes Mal zum Abschluss. Der Tag ist schön, am späten Nachmittag verlassen Sie das Gelände und bekommen am Ausgang Freikarten für Alle geschenkt. Sie sind gerührt, Superstimmung auf der Heimfahrt. Was für ein toller Tag. Ach ja, der Finger ist so gut wie vergessen. Kein Bluten mehr, kein Pochen, kaum noch Schmerz, kein Thema.

Warum diese Geschichte? Ganz einfach, es geht um das Erinnern. Was bleibt in Erinnerung? Das Erinnern folgt einem festen Muster aus zwei Elementen: Dem Höhepunkt und dem letzten Eindruck. Es ist an Ihnen, Höhepunkte zu inszenieren. Das müssen keine grandiosen Erfahrungen sein, die dem Besucher geboten werden, es geht vielmehr um einen Moment, in dem der Kunde spürt, dass er offen empfangen wird.

Der letzte Eindruck wird an der Kasse inszeniert. Kaum jemand an diesem Arbeitsplatz ist sich dieser Aufgabe bewusst. Wird der Kunde an der Kasse muffig oder lieblos abgefertigt, können Sie die Stimmungsverfinsterung an der Kundenmiene geradezu ablesen. Der Kunde trägt nicht die Schuld dafür, dass Sie am Kassenplatz keinen Bock auf diese Arbeit haben. Das Kassenpersonal sollte sich seiner Bedeutung für das Kundenwohl bewusst sein. Dann löst sich das Problem fast von selbst in Luft auf.

Mit anderen Worten: Schaffen Sie ein atmosphärisch angenehmen Moment im Laden und ein spannungsfreies Abschlusserlebnis. Das ist hochwirksames Marketing zum Nulltarif. Billiger geht's nicht! Und ein Argument mehr, die Wartezeit an der Kasse mit positiven Eindrücken zu verkürzen.

Gute Gefühle

Mit Bioprodukten ist gesunde Ernährung ein Kinderspiel. Für eine Marketingstrategie ist dieser Zusammenhang allerdings mager. Er bedient die Vernunftebene. Sie wollen Kunden zum Kauf motivieren. Das aber geht nicht über Vernunft, sondern über Emotionen. Verhalten wird über Emotionen gesteuert. Vernunft kommt anschließend ins Spiel und erklärt, warum Sie gerade so und nicht anders gehandelt haben. Kaufimpulse werden also über Vernunftargumente nicht geweckt. Dazu muss das Argument mit Emotionen aufgeladen werden. Freude am Kochen, Genuss der selbst hergerichteten Speisen, die Harmonie einer Familienmahlzeit, das sind Grundlagen für emotionale Botschaften. Das ist allgemein bekannt, und dennoch glauben viele, das biologische Vollsortiment allein genüge als Marketingbotschaft. Der Frust ist vorprogrammiert. Am Ende geben Sie den ausbleibenden Kunden die Schuld, dabei haben Sie auf das falsche Pferd gesetzt. Vernunftargumente sind wichtig. Sie wirken aber nur zur rechten Zeit. Es kommt also auf den richtigen Moment an. Wenn Sie bereits mit dem Kunden im Gespräch sind, kommen solche Argumente gut an. Zum Einstieg in ein Gespräch sind sie totlangweilig. Ob sie nun als belehrend, besserwisserisch oder einfach nur rhetorisch überengagiert empfunden werden, die Wirkung ist negativ.

Ihre Kundengespräche weisen Sie als Experten aus. Den Hinweis darauf, dass Ihnen der Umweltaspekt wichtig ist, können Sie sich sparen. Interessant wird es, wenn Sie dem Kunden versichern können, dass nur frisch gemahlenes Mehl zum Backen der Brote verwendet wird. Und noch dazu, woher das Mehl kommt. Am Ende können Sie Ihren so heiß geliebten Umweltaspekt ja anhängen, wenn Ihnen daran liegt.

Die Geschichten über die Entstehung, die Besonderheiten, die Betriebe, die Missionen der Akteure verleihen Ihrem Anliegen darüber hinaus Glaubwürdigkeit. Mit den

Produktangeboten anderer Einzelhändler stehen Sie in Konkurrenz, mit den Geschichten um das Produkt herum nicht. Das können nur inhabergeführte Bioläden.

*Ihr Angebot
an Ihre Kunden:
Gute Gefühle*

*Ihre Kunden
danken
mit guten
Geschäften*

Wenn Kunden dann auch mal in einem anderen Bioladen einkaufen, ist das nur gut. Es ist ein Zeichen, dass der inhabergeführte Bioladen einen Markenwert einnimmt. Diesen Markenwert haben nur diese Läden, keine Kette, kein Supermarkt und schon gar kein Discounter.

König Kunde?

Der Kunde ist König. Das ist der wohl am meisten strapazierte Spruch im Handel. Und so manchem genügt dieser Slogan als Marketingdevise. Dabei ist der Spruch schlichtweg blöd. Darin kommt eine Diskreditierung des Kunden zum Ausdruck. Was immer der Kunde von sich gibt, er hat Recht. Verkäufer üben sich darin, nicht zuzuhören und dennoch dem Kunden Recht zu geben. Dahinter steckt eine indirekte Herabsetzung bzw. Verhöhnung des Kunden: *Ich nehme Dich nicht ernst, es ist mir egal, was Du mir erzählst. Hauptsache, Du kaufst*. Kunden spüren die Doppelbödigkeit und reagieren mit Verärgerung oder Rückzug.

Was der Kunde erwartet ist, dass er ernst genommen wird. Er sucht den Kontakt auf Augenhöhe. Wechselseitigen Respekt und das Aufeinander eingehen erwartet der Kunde und weiß dies zu genießen. König will er gar nicht sein. Warum also sollten Sie ihm diese Rolle zuweisen?

Und ernst meinen Sie es damit doch auch nicht. Der Kunde will nicht König sein, sondern Partner.

Attitüden

Den Kunden als Gast empfangen bedeutet nicht nur für diesen einen Gewinn. Dieser Umgang mit Kunden verändert die Atmosphäre insgesamt. Mit anderen Worten: Es wird wohnlicher im Bioladen. Diese Harmonie strahlt aus auf alle Beziehungen, also auf das Team unter sich, auf die Zusammenarbeit zwischen Team und Leitung und natürlich auf die Gästeschar.

Jeder kennt sicher die Wirkung einer mürrischen Person im Team auf die Stimmung Aller. Die miese Stimmung färbt auch auf diejenigen ab, die nicht Verursacher und Mitbeteiligte sind. Mürrische Teammitglieder können Sie weiter beschäftigen. Im Büro können Sie zum Geschäftserfolg beitragen und dürfen – außer am Telefon – ruhig ein wenig mürrisch daher kommen. Je besser das Klima insgesamt, umso schwerer fällt es dann dem Mürrischen durchzuhalten.

Nach und nach wird die Kluft überwunden von der Weisung an das Team, freundlich zu sein hin zum Freundlich sein, weil es Ausdruck der eigenen Haltung ist: Das nach außen wirkende Stimmungsbild eigener

Harmonie. Das mag reichlich weichgewaschen klingen. Ist es aber nicht.

Es ist ganz einfach: Verordnete Freundlichkeit entlarvt sich selbst. Das ändert sich, wenn Freundlichkeit einem guten inneren Gefühl entspringt. Diese Transformation wird beflügelt, wenn der Kunde als Gast wahrgenommen wird.

Sprechkunsthandwerk

Was haben Hülsenfrüchte mit Marketing zu tun? Schaun wir mal: Hülsenfrüchte verbergen ihre wertvolle Fracht in Schoten. Um an das begehrte Innere zu kommen, wird die Schote aufgebrochen und in aller Regel weggeworfen. Aus dem Inneren lassen sich sodann die leckersten Mahlzeiten kreieren.

Dieses Bild ist marketingtauglich. Wir sprechen von Worthülsen, die das Eigentliche verdecken. Die Biobranche ist voll von Worthülsen. Ihnen ist gemeinsam, dass sie abgenutzt sind, durch Übergebrauch entleert und damit wirkungslos. Ob nachhaltig, umweltfreundlich, klimaschonend, biologisch – all das sind Worthülsen. Sie sind nutzlos. Warum also die eigene Sprache mit ihnen ausstatten? Nur aus einem Grund: Sie können als Türöffner genutzt werden. Etwa so: Wir können Ihnen hier ein besonders klimaschonendes Produkt vorstellen. Es kommt aus dem Nachbardorf soundso, seine Aufarbeitung erfolgt mithilfe der hauseigenen Solaranlage und so weiter. Die Botschaft erhält ihre Kraft aus dem Beispielhaften, dem Konkreten. Dann wird auch der Allgemeinplatz tapfer ertragen.

Widmen Sie mal für ein paar Tage Ihre Aufmerksamkeit diesem Thema. Wie sieht es aus mit dem Worthülsenanteil? Und wie wirken Botschaften auf Ihre Gäste, wenn Sie Allgemeinplätze ersetzen durch das Konkrete, Unmittelbare? Sie können es geradezu körperlich erkennen. In dem Moment, wo Sie die Worthülsenhalde verlassen und konkret werden, richtet der Gast seinen Blick auf sie, wendet sich Ihnen zu und hört aufmerksam zu. Warum? Weil Worthülsenargumente langweilig sind. Sie laufen Gefahr, oberlehrerhaft zu wirken und lösen damit Abwehrreaktionen aus. Wer sucht schon freiwillig die Nähe zu Oberlehrern? Doch das ist nicht Ihr Problem. Sie erzählen etwas zu Ihren Produkten, der Entstehung, den Leuten dahinter. Storytelling heißt das bei Marketingexperten, Geschichten erzählen. Achten Sie nur penibel darauf, dass aus Ihren Geschichten keine Märchen werden. In diesem Moment laufen Ihnen Ihre Kunden in Siebenmeilenstiefeln davon.

*Bieten Sie Ihren Kunden
Gesprächsqualität:*

*Worthülsen
sind
Wortmüll*

*Ihre Kunden
haben
Besseres verdient*

*Bleiben Sie
konkret!*

Haben wir nicht gibt's nicht, oder?

Ihr letzter Besuch bei einer der großen Bio-Supermarktketten hat Ihnen möglicherweise wieder einmal einen Schrecken eingejagt. Das Sortiment ist einfach umwerfend riesig. Ein großes Sortiment ist nicht nur teuer, es braucht auch viel Fläche und Pflege. Sie könnten versucht sein, Ihr Sortiment auszuweiten und Ihre Produkte noch etwas enger zu stellen, damit Sie nicht abgehängt werden.

Sie können aber auch ausmisten, was Sie nur so mitverkaufen, unambitioniert und nebenbei. Solche Produkte gibt es auch in Bio. Und mit der zunehmenden Tendenz zu Betriebsvergrößerungen bei den Produzenten wächst der Anteil mit industriellen Methoden erzeugter Artikel. Von dem einen oder anderen Produkt dieser Kategorie können Sie sich auch mal trennen, wenn Sie attraktive Alternativen anbieten können.

Es liegt ohnehin auf der Hand, den Laden mit Ihren Lieblingen auszustatten. Zu diesen Produkten können Sie was erzählen und der Kunde spürt Ihre Begeisterung. Das kann stärker wirken als Produktvielfalt. Der Kunde weiß: Was bei Ihnen im Laden steht, ist sorgfältig ausgewählt, Produkt für Produkt. Und Sie machen keinen Fehler, wenn Sie im Gespräch anmerken, dass Sie handwerkliche Produktion bevorzugen und den Familienbetrieb lieber unterstützen als einen Giganten, der auf die Bioschiene aufgesprungen ist.

Welche Milch haben Sie gelistet? Wenn Sie auf Ihre Kunden hören, ist Ihr Milchregal gefühlte fünf Meter lang, davon die Hälfte preisreduziert, weil gerade mal wieder die Mindesthaltbarkeit abläuft. Ihre Kunden wollen Frischmilch, Milch von Demeter-Betrieben, länger haltbare Milch, fettarme Milch, Milch in Glasflaschen, faire Milch, H-Milch und wenn möglich Milch aus der Region, vielleicht noch Saisonmilch und die eine oder andere Verwandte dazu. An diesem Produktsegment werden Sie keine Freude haben. Fakt ist, Milch ist bei Ihnen ein Verlustgeschäft. Dafür sind Ihre Kunden zufrieden und nur verstimmt, wenn eine der zig Sorten mal gerade nicht vorrätig ist. *Aber deswegen bin ich extra hergekommen* lautet der Klageruf. Wird der Kunde noch ein paar Mal enttäuscht, sucht er sich eine neue Einkaufsquelle. Die Abhilfe: Setzen Sie selber einen markigen Akzent: Wir verkaufen Milch aus dem fairen Handel, weil sie den größten Nutzen für die Biomilchwirtschaft hat. Unerfüllte Kundenerwartungen werden umgelenkt auf eine neue Sichtweise. *Ja, wenn's den Bauern hilft…* Da mag Ihnen der eine oder andere Kunde tatsächlich abspringen wollen, aber wohin denn bitte? Er wird lange suchen müssen, um einen Laden zu finden, dessen Milchregal die gefühlte Fünf-Meter-Länge aufbietet. Tja, und selbst wenn: Nachdem dort schon zweimal die Lieblingsmilch ausverkauft war und er mit einem Ersatzprodukt vorlieb nehmen musste, ist er schon fast wieder zurück. Manchmal muss man die Kunden erziehen. Sie müssen dafür allerdings gute Überzeugungsarbeit leisten.

Heute im Angebot

Sie freuen sich zu Recht über Ihre vielen Stammkunden und noch mehr über deren langjährige Treue. Da wollen Sie sich nicht lumpen lassen und die Kundentreue belohnen. Gerade blättern Sie die neuesten Produktinformationen Ihres Großhändlers durch und schon fällt die Entscheidung: Nutze die Sonderangebote - Originalitätsfaktor Null, Sinnhaftigkeitsfaktor dito.

Zunächst sollten Sie sich klarmachen: Ein Bioladen ist kein Basar. Basarpreise beginnen als Mondpreise und enden dort, wo nach langem Kampf die Schlacht beendet wird, also irgendwo. Im Urlaub vielleicht noch ganz lustig – für Ihren Laden eine Katastrophe.

Es ist doch vielmehr so: Sie tun das, was Ihre Kunden von Ihnen erwarten, Produkte zu fairen Preisen für alle Beteiligten verkaufen. Das Ergebnis sind Festpreise. Wenn Festpreise sinken, stellen Sie Ihr eigenes Prinzip in Frage.

Dennoch bilden Sonderpreise ein wichtiges Marketinginstrument. Ich plädiere jedoch dafür, dass Sie Angebotspreise nur dann einführen, wenn sie sich sinnvoll begründen lassen. Und ich plädiere dafür, dass Sie dieses Marketinginstrument nur in bescheidenem Ausmaß nutzen.

Zwei Beispiele begründbarer Preisreduzierungen möchte ich jetzt vorstellen.

Begründung 1: neues Produkt. Wenn es neues Produkt auf den Markt kommt, ist es vertretbar, für einen begrenzten Zeitraum einen reduzierten Preis festzusetzen. So wird der Kunde etwas wagemutiger und weniger enttäuscht, wenn ihm das Produkt am Ende nicht zusagt. Wichtig ist ein gut sichtbarer Standort und Produktinformationen für den Kunden. Ich würde allerdings soweit möglich Verkostungen vorziehen.

Begründung 2: unbekanntes Produkt. Im Bioladen finden sich Produkte, die dem Durchschnittsbürger unbekannt sind. Wenn nun ein Gemüse während der Erntesaison in Mengen auftaucht, die über den normalen Umsatz nicht verkaufbar sind, können Sie mit Preisreduktionen der Verkauf ankurbeln. Auch hier können Verkostungen die bessere Lösung darstellen. So lernt der Kunde das Produkt kennen und kann sich überlegen, ob das für ihn und seine Lieben zu einer Genussfreude führen könnte. Und Sie verschenken kein Geld, das Sie gar nicht überhaben.

Unkritisch sind dagegen Preisreduzierungen kurz vor Ablauf der Haltbarkeitsgrenze. Es ist nur logisch, Lebensmittel billiger zu verkaufen als sie nur wenige Tage später wegwerfen zu müssen.

Auf keinen Fall sollten Sie die Basarmethode kultivieren – damit kratzen Sie am Vertrauensbonus. Es ist wichtig, dass die Kunden spüren, dass Ihre Preise nicht zur Disposition stehen, sondern für das Bio-Gesamtsystem ausgewogen festgelegt wurden. Sonderpreise sind Ausnahmepreise.

*Setzen Sie
Aktionspreise
gezielt und sparsam ein.*

*Beim Kunden kann ansonsten
ein Verdacht aufkommen:*

*Ach, das geht also
auch billiger.
Warum ist das
nicht immer so?*

Büro, Büro ...

Wenn Ihnen die Arbeit über den Kopf wächst, wächst auch Ihr Team. Also suchen Sie nach Unterstützung im Verkauf oder im Bedienbereich. Das Büro schreit nach Ihnen – Bestellungen, Buchhaltung, Telefonate. Es ist ein Leichtes, einen Großteil des Tages mit Büroarbeiten zu verbringen. Mit weiter wachsendem Umsatz nimmt Ihre Verweilzeit im Büro zu. Immer seltener sind Sie im Laden anzutreffen. Das ist, vorsichtig gesagt, keine gute Entwicklung. Ihren Kunden fehlt das Gesicht des Ladens. Der Laden wird seelenlos. Sie haben die Wahl, den Besuchern nahe zu sein oder in deren Blickwelt gar nicht aufzutauchen. Wenn Sie sich ins Büro zurückziehen und die Kommunikation mit den Kunden Ihrem Team überlassen, verliert Ihr Laden seine Seele.

Doch es geht auch anders. Büroarbeit besteht in hohem Maße aus der Bewältigung von Routineaufgaben. Bestellwesen, Tageskasse, Rechnungsprüfung sind Aufgaben, die zeitaufwändig sind und nicht allzu hohe fachliche Anforderungen stellen. Je mehr Sie sich von diesen Aufgaben entlasten, umso stärker sind sie im Laden präsent. Als Inhaber stehen Sie für weit mehr als Bioprodukte, Sie stehen für Ihre Idee, Ihr Weltbild, Ihr Handeln. In dieser Funktion sind Sie nicht verlustfrei ersetzbar. Ohne Sie erleidet Ihr Laden einen Profilverlust. Da sollten Sie sich dreimal überlegen, ob die Abwanderung ins Büro wirklich eine so tolle Idee ist.

Wenn die Arbeit insgesamt zu viel wird, entlasten Sie sich von der Arbeit im Büro. Im Büro verpufft Ihre Leidenschaft an Aktendeckeln. Aktendeckel sind 100 %ig leidenschaftsfrei. Das ist keine gute Lösung, für Sie nicht und für die Kunden schon gar nicht.

*Ihr
Alleinstellungsmerkmal
sind Sie!*

Das Team mitnehmen

Ich habe zwanzig Jahre lang am Aufbau einer Erzeuger-Verbraucher-Gemeinschaft mitgewirkt. In dieser Zeit habe ich viele Erfahrungen gesammelt, viele positive, aber auch einige nicht so erfreuliche. Ein besonders krasses Beispiel möchte ich Ihnen nicht vorenthalten:

> *Parkplätze sind begehrte Güter, vor allem am Samstag, so auch bei uns. Da fahren die Kunden so manche Ehrenrunde, bis sie endlich ihr Auto abgestellt haben. Mir fiel bei meinen Einkäufen auf, dass auf dem Kundenparkplatz regelmäßig ein Auto abgestellt war, das immer da stand, gleichgültig, zu welcher Zeit ich dort auftauchte. Die Vermutung, es könne sich um ein Mitarbeiterfahrzeug handeln, hatte sich schnell bestätigt. Ich habe die Mitarbeiterin angesprochen und ihr klarzumachen versucht, dass wir die Plätze für unsere Kunden brauchen und hinzugefügt, dass des für gute Umsätze Kunden braucht. Ihr so kurze wie entwaffnende Antwort war: „Wir machen genug Umsatz."*

Hoffentlich nicht so extreme, aber vergleichbare Erlebnisse haben Sie sicher auch schon hinter sich. Die Lehre aus einem solchen Erlebnis ist einfach: Ihr ganzes Engagement läuft ins Leere, wenn Sie Ihr Team nicht mitnehmen. Wichtig ist, dass sie Freude ausstrahlen darüber, in Ihrem Laden mitarbeiten zu dürfen und sich entsprechend engagiert verhalten, für die Kunden da sind und nicht für sich selbst.

Das geht schon los beim Arbeitstempo. Arbeitstempo und Arbeitslust tauchen im Duett auf. Biokunden sind mitunter nicht die agilsten, eifern Sie ihnen nicht nach. Es darf ruhig etwas flott bedient werden, nicht hektisch, aber mit erkennbarem Tempo. Kunden mögen es gar nicht, wenn Sie allzu entspannten Arbeitsabläufen zusehen müssen. Ein gutes Arbeitsklima führt zu Freude am Arbeiten. Wer seine Arbeit liebt, läuft nicht Gefahr beim Arbeiten einzuschlafen.

Das Amuse Bouche (Amuse Gueule)

Besondere Gunst genießen bei Bioladenbetreibern mit ziemlicher Sicherheit diejenigen Kunden, die mehr oder weniger radikal auf fleischliche Genüsse verzichten. Damit liegen sie im Trend. Was der fleischfreien Küche für die meisten Kunden fehlt, ist die Tradition der Zubereitung. Dieser Umstand öffnet äußerst attraktive Handlungsräume. Einer davon ist das aus der gehobenen Gastronomie entlehnte Appetithäppchen, das dem Gast zur Einstimmung auf das Menu vorab kredenzt wird - eine wunderbare Möglichkeit, Kunden an sich zu binden. Sie bieten dem Besucher ein Amuse Gueule an, dazu ein Kärtchen mit dem Rezept und schon durchströmt Ihren Kunden ein satter Gefühlsmix aus Harmonie, Dankbarkeit, Heiterkeit, Offenheit. Die Rezeptkarten sollten aufwendig genug produziert sein, damit sie als wertig wahrgenommen werden. Damit bieten sie die Chance, Seite eines Rezeptbuches zu sein und nicht im nächsten Altpapiercontainer zu verenden. Für einen geringen Preis können Sie einen Sammelordner verkaufen, natürlich mit Ihrem Logo vorne drauf. Wenn Sie jetzt noch die Rezeptkarten vorab lochen lassen, haben Sie alles richtig gemacht.

Und wenn das Kochen keine Ihrer Leidenschaften ist, sammeln Sie stattdessen Kundenrezepte.

Verkostungen

Von Herstellern durchgeführte Produktverkostungen wirken auf viele Kunden lästig, weil sie sich zu Kaufhandlungen gedrängt fühlen. Im Bioladen möchte man nicht solchen Verkaufsanimationen ausgesetzt sein.

Sicher sind bei Ihnen auch schon Markenlieferanten aufgetaucht, um Kostproben ihrer Produkte im Laden anzubieten. Ihre Kunden reagieren in der Regel passiv bis abwehrend. Schließlich weiß man, dass die kostenlose

Probe den Verkauf des Produktes forcieren soll. Probieren und nicht kaufen, also Schnorren ist peinlich. Probieren und Kaufen bedeutet etwas zu tun, was Sie nicht wollten. Beide Varianten sind wenig attraktiv. Wie wäre es, wenn Sie den Hersteller bewegen, Ihnen die Kostproben zuzusenden. Sie machen daraus ein Amuse Gueulle, das Ihren Kunden frei steht probiert zu werden. Die Situation ist frei von Zwang. Der Kunden lernt vielleicht ein Produkt kennen, das er noch nicht gekauft hat und kann jetzt ohne jeden inneren Druck darüber nachdenken, zu kaufen oder eben nicht.

Der Hersteller spart Kosten für Personal, Anfahrt, Hotelübernachtung, Sie bieten Ihren Gästen leckere Probierhäppchen ohne Kosten für Sie. Und der Gast wird nicht bedrängt.

Tipp eines guten Freundes

Meinem Freund Michael Maass habe ich von diesem Buchprojekt in einem sehr frühen Stadium erzählt und er hat – wie das so seine Art ist – gleich einen so nützlichen wie praktischen Tipp beigesteuert. Ich habe den Text so belassen, wie er ihn mir zugesandt hat. Das Original sollte erhalten bleiben. Wundern Sie sich also nicht über den Wechsel des Schreibstils. So ist Michael: Klar, direkt und manchmal auch einen Tick kantig. Hier also Michaels Beitrag.

Folgen Sie Twitter!

An einem Beispiel aus der Praxis möchte ich Ihnen aufzeigen, wie Sie in der heutigen Kommunikationsgesellschaft, Internet und Co., Kundenbindung, Kundeninformation, Werbung über das Portal Twitter (www.twitter.com) praktizieren können.

Am Beispiel soll ein Schnellimbiss, der seinen Standort in einem Gewerbegebiet am Rand der Stadt hat, dienen. Bedingt durch diese Lage war das Geschäft mit Laufkundschaft sehr dürftig. Es wurde über die Werbung nach neuen Kunden beziehungsweise Laufkundschaft nachgedacht. Eine Lösung wie eine Plakatwand oder zwei Anhänger am Straßenrand als Werbeträger mit Hinweisen auf den Imbiss kamen nicht infrage. Stattdessen wurde nach einer kostengünstigen, am besten kostenneutralen Lösung gesucht. Der Inhaber hat das Internetmedium Twitter gefunden und seinen Nutzen erkannt. Mit einem Werbebanner in seinem Kundenbereich und auf seinen Speisekarten gibt er nun bekannt: **Folgen Sie uns auf Twitter** und Sie sind immer über unsere Angebote informiert.

Täglich gibt der Besitzer mittels Twitter seinen Stammkunden die Information, was sein Betrieb als Stammessen offeriert.

Zum Beispiel: Grünkohl mit Pinkel für 9.80 Euro.

Was passiert hier eigentlich? Das Internetportal Twitter gibt seinen Nutzern die Möglichkeit, eine Kurzmeldung, maximal 140 Zeichen, einem bestimmten Personenkreis bekannt zu machen. Wenn diese Personen in Twitter nach neuen Nachrichten schauen, wird ihnen auch die Nachricht: **„Stammessen Grünkohl…"** angezeigt.

Der Kunde ist informiert, freut sich auf sein Essen und verknüpft die Freude mit ihrem Namen. Diese Form der positiven Kundenbindung muss auf dem konventionellen Weg meist mühsam und teuer erkauft werden. Ein zusätzlicher Aspekt sollte nicht außer Acht gelassen werden. Der Kunde hat die Möglichkeit, mittels der internen Funktion von Twitter, seinen Freund, seine Kollegen usw. über Ihre täglichen Nachrichten zu informieren. Das heißt mit anderen Worten, Ihre Stammkunden werden zu aktiven Werbern für Ihr Geschäft. Was kann Ihnen Besseres passieren, als dass Stammkunden neue Kunden werben! Sie kennen das Motto: Mund- zu Mund-Werbung ist die beste Werbung.

Was bedeutet das für Ihr Unternehmen? Schneller und kostengünstiger können Sie Ihre Kunden, die sogenannten Followers, nicht über Ihre aktuellen Angebote oder auch Aktionen wie zum Beispiel Verkostungen und andere Events informieren!

Bevor ich Sie mit einer detaillierten schriftlichen Einführung in das Thema Twitter langweile, verweise ich auf das Videoportal YouTube (www.youtube.com). Dort suchen Sie nach: „Twitter für Anfänger". Als Ergebnis werden Ihnen diverse Anleitungen als Video angeboten. In diesen Videos wird Ihnen gezeigt, wie Sie sich bei Twitter anmelden, das Programm bedienen und einsetzen können.

Eines sollte nicht unerwähnt bleiben: Twitter ist ein Internetportal, das sich über Werbung finanziert. Gerade zu Beginn der Nutzung werden Ihnen Nachrichtenkanäle vorgeschlagen in der Hoffnung, Sie nehmen diese Angebote an und folgen den Tweets. Denn so wie der Imbiss Twitter als Werbemedium nutzt, setzen natürlich auch andere Unternehmen auf diesen Weg.

Fazit

Sie haben es in der Hand, Ihrem Laden eine einzigartige Ausstrahlung zu verleihen. Die Wirkungen sind allseitig positiv, wie das folgende Diagramm veranschaulicht.

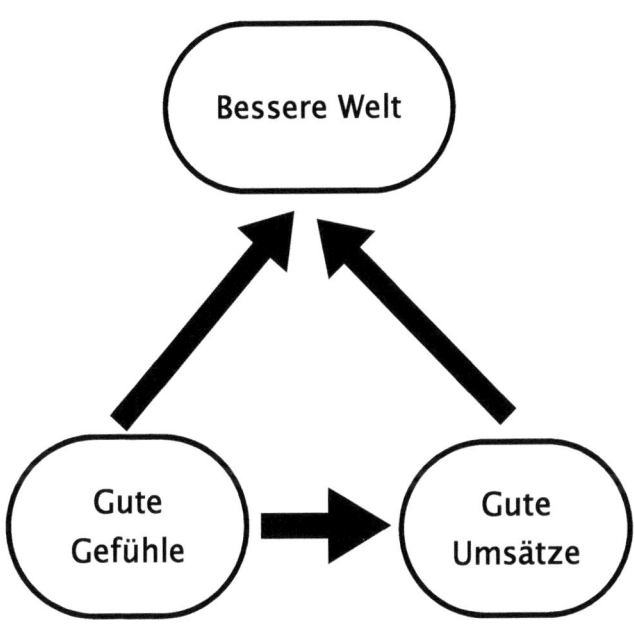

Erinnern Sie sich an die Zeit, als Sie sich für Ihr Bioladenprojekt entschieden haben. Sie wollten etwas Sinnvolles tun, für sich selbst und für den Rest der Welt. Im Alltag gerieten Sie in die Falle der Produktfixierung. Das hier vorgestellte Marketingkonzept führt Sie zum Anfang zurück.

Und das geht so: Sie betreiben einen Wohlfühlladen. Alle Beteiligten halten sich gern dort auf, die Kunden bzw. Gäste, das Team und natürlich Sie selbst. Im Laden breitet sich ein wohliges Wir-Gefühl aus. Damit stillen Sie im Übrigen eine unausgesprochene Sehnsucht Ihrer Kunden. Ihr Laden ist immer gut besucht und es wird nach Kräften bei Ihnen eingekauft. Das ist gut für Ihre materiellen Bedürfnisse. Das, was Sie alle im Wir-Gefühl zusammenhält, ist die Sehnsucht nach einer besseren Welt. Keine Frage, der Welt geht es schlecht und Besserung ist dringend geboten. Das Gefühl des Aufgehobenseins bei Ihnen stärkt Ihre Kunden und bildet die Grundlage für Gemeinschaftlichkeit. Gemeinsames Handeln ist der nächste Schritt. Da kommt schon die nächste Idee: Wie wäre es, mal zu einer Diskussion einzuladen über Themen, die hinter dem Bio-Einkauf stehen. So finden Sie zurück zu Ihrem ursprünglichen Anliegen, den ethischen Motiven. Und es wächst die Erkenntnis, dass es der Welt nicht besser gehen kann, wenn wir uns nur treiben lassen. Damit ist es bei Ihnen vorbei. Es wächst eine dynamische Community, wie man heute zu sagen pflegt, die sich nach Kräften einmischen wird, damit der Bio-Einkauf seine notwendige Ergänzung findet in den Anliegen, die dahinter liegen.

Und wenn Ihnen die Umsätze dann ein Einkommen bescheren, dass mehr hergibt als Ihren Bedarf: Es gibt viele Möglichkeiten des sinnvollen ethischen – eben auch materiellen – Engagements. Auch hier schließt sich wieder ein Kreis. Das Motto: Verdienen Sie gut und tun Sie Gutes mit dem, was über ist. Wenn das kein gutes Leben ist, welches dann?

Bio-Marketing ist zunächst Kopf-Herz-Arbeit. Spüren Sie, welche Haltung Ihrem Engagement zugrunde liegt. Maßnahmen kommen später. Ihre Haltung haucht Ihrem Projekt Leben ein, die Maßnahmen sind Dekoration. Beides ist wichtig, ohne Haltung aber bleiben die Maßnahmen blass.

War's das?

Ohne prophetisches Talent wage ich vorherzusagen: Sie werden dieses Buch nicht ohne kritische Einwände akzeptieren. Sie werden Anregungen aufgreifen, aber auch Hinweise vermissen, die Sie sich gewünscht hätten.

Da liegt es nahe, dieses Buch weiter anzureichern. Man mag zu Veröffentlichungen in Books on Demand halten, was man will. Für ein solches offenes Projekt ist BoD ideal. Ich kann mit geringstem finanziellen Aufwand das Buch überarbeiten und aktualisieren. Es ist an Ihnen, daran mitzuwirken.

Sie erreichen mich per E-Mail unter
bernd-wulf@t-online.de
oder per Post unter
Bernd Wulf
Travemünder Allee 57
23568 Lübeck

Wenn sich genügend Material bei mir gesammelt hat, gibt es eine neue Auflage und dies mal unter Ihrer aktiven Beteiligung. So wird auch aus diesem Buch am Ende ein Wir-Produkt.

Stichwortverzeichnis

Ökologie – Ökonomie – Gesellschaft
Bio-Branche 14, 23, 31
  Discounter 26, 27, 74
Institutionen 34
Natur, Umwelt 14, 33
Wirtschaft
  Wachstum 20, 33

Ethik, Moral, Engagement
Ethik 20, 108
Gutes Leben 28, 39, 54, 82, 108, 109
Grundwerte
  Anstand 22
  Ehrlichkeit 22
  Fairness 27, 93
  Glaubwürdigkeit 83
  Verantwortung 20
  Versprechen 22, 41, 75
  Vertrauen 41
Moral 20
Tierwohl 21, 26
Weltbild 20, 97, 108
Motivation 13, 28, 31, 54, 109

Management

Büro 87, 97

Konzept 14, 15

Produktfixierung 24, 37, 39, 53, 54

Produzenten, Handel 15

Preise 27, 93, 94

Routine 60

Sortiment 15, 24, 29, 30, 35, 91, 92
  Frische 27
  Qualität 26, 35, 48
  Regionalität 28, 33
  Saisonalität 28, 33
Team 50, 87, 97, 100
  Kundenorientierung 77, 78, 86
Wirtschaftlichkeit 11, 24, 61, 72

Marketing

Alleinstellung 40, 62, 70, 86, 107

Bio-Marketing 19, 20, 21, 23

Dirty Marketing

Gastrolle 30, 72, 88

Guerilla-Marketing 68, 70

Kommunikation 28, 33, 73, 74, 82, 83, 88, 89

Kundenbindung 35, 41, 50, 51, 53, 54, 72, 80

Kundenperspektive 14, 15, 24, 27, 29, 30, 57

Laden 14, 37, 44, 47
  Atmosphäre 29, 49, 50, 53, 73, 74, 87
  Farben 29

Hemmschwelle 48, 57
  Kassenzone 17, 49, 79
  Licht 29, 46, 47, 67, 75, 76
  Öffnungszeiten 76
  Rituale 73
  Schaufenster 47, 63, 64, 67, 68
  Verkostungen 69, 74, 101, 102, 103
Passanten 42, 48, 57, 67
Personalisierung 33, 35
Quartier 39
Twitter 104

Befragungen

Sind Sie produktfixiert?   38

Mein Laden fällt auf ….   43

Atmosphärentest   50

Ich bin Verkäufer ….   56

Bernd Wulf

Pro Ehrenamt

ENTSCHEIDUNGSFINDER

Das Thema Ehrenamt ist „in". Unendlich viel ist über ehrenamtliches Engagement geschrieben worden. Und dennoch gibt es eine große Lücke: Die Aktiven selbst melden sich so gut wie gar nicht zu Wort.

Damit hat es jetzt ein Ende. Dieses Buch basiert auf praktischen, persönlichen Ehrenamtserfahrungen und gibt Tipps und Anregungen, wie Sie bei Ihrem Engagement Freude und Erfüllung finden und sich Enttäuschungen ersparen.

Das Buch redet keiner Organisation das Wort. So können Sie sich unbeeinflusst auf die Suche nachdem für Sie passenden Aufgabenfeld machen.

Books on Demand BoD, 2008
Printversion: 9,80 Euro
E-Book: 8,49 Euro

Bernd Wulf

Tauschringe gründen und gestalten
Bernd Wulf im Gespräch mit Michael Maass

Tauschringe haben Konjunktur. In vielen Städten und Gemeinden haben sich Tauschringgruppen gebildet und betreiben rege ihre Tauschgeschäfte.

Dieses Buch richtet sich in erster Linie an Neulinge im Tauschgeschäft, solche also, die sich mit dem Gedanken tragen, einen Tauschring zu gründen. Aber auch bestehenden Tauschringen liefert dieses Buch nützliche Ideen und Anregungen.

Eine Vielzahl von praktischen Tipps erleichtern Ihnen die Gründungsarbeit.

Alle Tipps sind praxiserprobt und haben sich bewährt.

Books on Demand BoD, 2011
Printversion: 7,90 Euro
E-Book: 5,99 Euro

Bernd Wulf

Spät - Aufbruch ins Ungewisse

Kurz gesagt: Es kommt einiges auf uns zu mit Klimawandel und Co. Das könnte einen in Angst und Schrecken versetzen.

Aber es gibt auch eine andere Seite: Wenn die Gattung Mensch sich einigermaßen klug anstellt, können wir dem drohenden Exodus ein Schnäppchen schlagen – als erste Generation, die Evolutionsgeschichte schreibt und den Weg in eine Zukunft bereitet, die den Menschen auch weiterhin einschließt. Wir sind spät dran, keine Frage. Früher wäre besser gewesen. Doch das ist Geschichte. Höchste Zeit also für die Reise ins Ungewisse. Lassen Sie Ihre Zukunft nicht von anderen entwerfen. Das könnte gründlich schief gehen. Guten Morgen, starke Zivilgesellschaft!

Books on Demand Bod, 2013
Printversion: 14,80 Euro
E-Book: 9,99 Euro

Bernd Wulf, Jahrgang 1944. Bankkaufmann, Diplom-Ingenieur, Berufsschulpädagoge. Berufstätigkeit als Kaufmann, davon 18 Monate in Mittelamerika, einige Jahre Lehrtätigkeit am Gymnasium (Physik), langjährige Tätigkeit in der Immobilienwirtschaft. Ehrenamtliche Engagements in der Friedensbewegung, in der Verkehrspolitik, in der Bio-Vermarktung. Ämter im Zentralverband deutscher Konsumgenossenschaften e.V., im Bundesverein zur Förderung des Genossenschaftsgedankens e.V., in der Landesarbeitsgemeinschaft Soziokultur Schleswig-Holstein e.V., in der StattAuto eG.

Für einige Jahre genossenschaftlicher Berater im Projekt "Climate and Energy in a Complex Transition Process towards Sustainable Hyderabad" der Humboldt-Universität zu Berlin; Lehrbeauftragter an der Hochschule für Angewandte Wissenschaften, Hamburg; Referent an der Fachhochschule Kiel.

Notizen: